Estudios Sociales

para el examen GED®

New Readers Press®
ProLiteracy's publishing division

Estudios Sociales para el examen GED®
ISBN: 978-1-56420-235-2

Copyright © 2018 New Readers Press
New Readers Press
ProLiteracy's Publishing Division
101 Wyoming Street, Syracuse, New York 13204
www.newreaderspress.com

Printed in the United States of America
10 9 8 7 6 5 4 3 2

Proceeds from the sale of New Readers Press materials support professional
development, training, and technical assistance programs of ProLiteracy that
benefit local literacy programs in the U.S. and around the globe.

Author: Dean Wooton
Editorial Director: Terrie Lipke
Illustrations: James Wallace
Technology Specialist: Maryellen Casey

Índice

Acerca del examen GED® de Estudios Sociales

El examen GED está diseñado para evaluar su comprensión en las áreas de contenido que se consideran más útiles para alcanzar el éxito en la vida universitaria y profesional. En estudios sociales, estas áreas de contenido son civismo y gobierno, historia de Estados Unidos, economía y geografía. Estas áreas tienen diferente énfasis en el examen. El examen GED de Estudios Sociales está compuesto aproximadamente por preguntas de 50 % de civismo y gobierno, 20 % de historia de Estados Unidos, 15 % de economía y 15 % de geografía.

Asimismo, se le pedirá que demuestre su comprensión de una variedad de prácticas o destrezas de razonamiento. El examen evaluará qué tan bien aplica dichas prácticas a las preguntas sobre textos escritos y materiales visuales, tales como cuadros, gráficas, mapas y caricaturas políticas. Cada pregunta del examen estará asociada a una área de contenido y a una destreza práctica.

Para lograr el éxito en el examen GED de Estudios Sociales, este libro le ayudará a repasar su conocimiento de las áreas de contenido y prácticas mediante pasajes, gráficos y preguntas similares a las que se le presentarán en el examen GED.

El libro está dividido en cuatro unidades que están enfocadas en cada una de las áreas de contenido. Cada unidad contiene lecciones que repasan temas específicos dentro de esa área de contenido. Las lecciones incluyen lo siguiente:

- Presentación de uno de los temas dentro del área de contenido.
- Ejemplo de una pregunta que verá en el examen GED.
- Pistas y explicaciones sobre cómo razonar la pregunta de ejemplo.
- Una sección de práctica guiada que le ayudará a reflexionar sobre otro pasaje de ejemplo y las preguntas correspondientes.

Luego de repasar cada tema y presentar las preguntas de ejemplo, cada unidad finaliza con una práctica de la unidad para permitirle practicar de forma independiente en otros pasajes y preguntas.

Al estudiar los pasajes y preguntas, obtendrá una breve reseña de los temas importantes que cubre el examen GED. A medida que avance en el libro de ejercicios, tome notas sobre los temas con los que tiene más dificultades y con los que está menos familiarizado. Es conveniente que estudie estos temas con mayor detenimiento mientras se prepara para el examen.

Cada unidad también incluye por lo menos una lección sobre razonamiento crítico. Se cubrirán las siguientes cinco destrezas:

- Diferenciar hechos de opiniones
- Punto de vista del autor
- Análisis de datos
- Ordenar conjuntos de datos
- Credibilidad de una fuente

El aprendizaje de estas destrezas le ayudará a responder correctamente las preguntas sobre el contenido de estudios sociales.

Unidad 1: Civismo y gobierno

Gobiernos modernos e históricos

Las diferentes sociedades han elegido distintas formas de gobernarse a sí mismas. Estos son los cuatro sistemas que han sido ampliamente utilizados.

Democracia directa o pura. Democracia en la que los ciudadanos participan directamente en el gobierno de la sociedad al debatir y votar por las leyes que rigen su comunidad.

Democracia parlamentaria. Democracia representativa en la que los ciudadanos votan por los miembros de la legislatura. El partido o coalición de partidos que obtiene el control del parlamento elige al jefe del poder ejecutivo: el primer ministro. Por lo general, el sistema judicial es independiente del legislativo y del jefe del poder ejecutivo.

Democracia presidencial. Democracia representativa en la que los ciudadanos votan de forma separada por el presidente y por los miembros de la legislatura. Un presidente fuerte tiene un poder de amplio alcance. Este sistema cuenta con tres ramas independientes de gobierno que comparten la responsabilidad de gobernar.

Monarquía. Forma de gobierno administrada por un rey o una reina. El monarca podrá tener un poder casi absoluto o un poder limitado por un órgano legislativo.

Ejemplo de pregunta

¿Por qué una democracia directa solo puede ocurrir en grupos pequeños de personas que viven cerca entre sí?

A. Las personas se deben conocer entre sí.

B. Los grupos pequeños están compuestos por personas emparentadas.

C. Los grupos grandes necesitan gobernantes fuertes para hacer cumplir las leyes.

D. Las personas deben ser capaces de reunirse.

Análisis

P: ¿Cómo se establecen las leyes?
R: Los ciudadanos analizan entre sí las leyes que se necesitan.

P: ¿Qué pregunta se formula?
R: ¿Por qué una democracia directa solo puede existir dentro de grupos pequeños de personas que viven cerca unos de los otros?

P: ¿Qué opción es la respuesta correcta?
R: La opción A es incorrecta porque los ciudadanos no necesitan conocerse entre sí para votar.

La opción B es incorrecta porque los grupos pequeños no siempre están compuestos por personas emparentadas.

La opción C es incorrecta porque una democracia directa también puede tener líderes fuertes.

La opción D es correcta porque los ciudadanos deben ser capaces de reunirse en un lugar para hablar sobre diferentes temas y las necesidades de la sociedad, y decidir qué hacer. Esto sería difícil entre personas de grupos grandes, dispersadas en diferentes áreas.

Práctica guiada

Aunque las democracias han existido desde tiempos ancestrales, el gobierno democrático que se creó en Estados Unidos alrededor del año 1780 era, en cierto modo, un experimento. Los ciudadanos de este nuevo país analizaron cómo podían escribir una constitución que protegería los derechos y libertades de las personas. James Madison manifestó su preocupación en el fragmento de esta carta dirigida a Thomas Jefferson. Nota: la carta de Madison es una **fuente primaria**.

> *Donde sea que radique el poder real en un gobierno, existe el peligro de opresión. En nuestros gobiernos, el poder real radica en la mayoría de la comunidad, y la invasión de los derechos privados ha de ser principalmente realizada, no por actos de gobierno contrarios a la opinión de sus constituyentes, sino por actos en los que el gobierno es un mero instrumento de la mayoría de los electores... Donde sea que exista el interés y el poder para hacer el mal, generalmente se hará el mal, y no menos fácilmente por parte de un partido poderoso e interesado, que por un príncipe poderoso e interesado.*
>
> —James Madison

fuente primaria: informe de primera mano de un acontecimiento o un documento original, obra creativa u objeto arqueológico relacionado con un acontecimiento o época

fuente secundaria: informe de segunda mano, interpretación o análisis de un acontecimiento, documento u obra creativa

Pista: ¿Quién teme Madison que usará el gobierno como un instrumento?

1. ¿Qué le preocupaba a James Madison acerca de la nueva democracia?
   A. Los grupos minoritarios obtendrían demasiado poder al votar en bloque.
   B. Una mayoría de ciudadanos oprimiría los derechos de las minorías.
   C. El gobierno sería demasiado poderoso e ignoraría los derechos de las personas.
   D. Los líderes del gobierno harían caso omiso a los intereses de los ciudadanos.

Pista: Busque pistas del contexto en la carta que le indiquen el significado de la palabra.

2. ¿Qué significa la palabra *electores* de la forma en que Madison la usa en esta carta?
   A. ciudadanos de un país
   B. grupos minoritarios
   C. la mayoría de los votantes
   D. grupos de interés especial

Pista: ¿Cómo se pueden proteger de la mejor manera los derechos de las minorías?

3. ¿Qué solución apoyaría Madison para resolver esta inquietud?
   A. Crear leyes constitucionales para limitar la influencia de los grupos minoritarios
   B. Otorgarle más poder al presidente para invalidar la voluntad de la mayoría
   C. Crear disposiciones constitucionales que protejan los derechos de las personas
   D. Exigir mayorías más amplias antes de que las leyes sean aprobadas por el Congreso

Unidad 1: Civismo y gobierno

El desarrollo de la democracia constitucional estadounidense

La Constitución de Estados Unidos proporciona un marco para la democracia constitucional estadounidense. Los autores de este documento definieron cuidadosamente los poderes y las limitaciones del gobierno, así como el rol de los ciudadanos en su gobierno y en sus derechos como individuos. Lea este fragmento del artículo VI de la Constitución.

Esta Constitución, y las leyes de los Estados Unidos que se expidan con arreglo a ella, y todos los tratados celebrados o que se celebren bajo la autoridad de los Estados Unidos, serán la suprema ley del país y los jueces de cada estado estarán obligados a observarlos, a pesar de cualquier cosa en contrario que se encuentre en la Constitución o las leyes de cualquier estado.

Los senadores y representantes ya mencionados, los miembros de las distintas legislaturas locales y todos los funcionarios ejecutivos y judiciales, tanto de los Estados Unidos como de los diversos estados, se obligarán mediante juramento o protesta a cumplir esta Constitución.

—Constitución de los Estados Unidos, artículo VI

Ejemplo de pregunta

¿Qué principio de la democracia constitucional estadounidense está representado en este artículo?

A. separación de poderes

B. estado de derecho

C. reglas de la mayoría y derechos de la minoría

D. derechos naturales

Análisis

P: ¿Cuál es la idea central que aborda el artículo?
R: La Constitución es la ley máxima del país.

P: ¿Qué pregunta se formula?
R: Se pide identificar el principio cubierto por el artículo VI.

P: ¿Qué opción es la respuesta correcta?
R: La opción A es incorrecta porque la separación de poderes explica los poderes que posee cada una de las tres ramas de gobierno.

La opción B es correcta. El artículo VI define claramente las instancias en que las disposiciones de la Constitución prevalecen sobre la ley estatal y rige las acciones de los líderes del gobierno.

La opción C es incorrecta. Este artículo no habla de las reglas de la mayoría ni de los derechos de la minoría.

La opción D es incorrecta. Los derechos naturales se refieren a los derechos universales que tienen todas las personas.

El desarrollo de la democracia constitucional estadounidense

Práctica guiada

controles y equilibrios: poder constitucional de cada rama de gobierno que permite cambiar, negar o influir de otra manera en el poder de cada una de las otras ramas

Los líderes que redactaron la Constitución de los Estados Unidos incorporaron un sistema de **controles y equilibrios.** Cada rama del gobierno (ejecutivo, legislativo y judicial) tiene diferentes maneras para controlar el poder de las otras ramas.

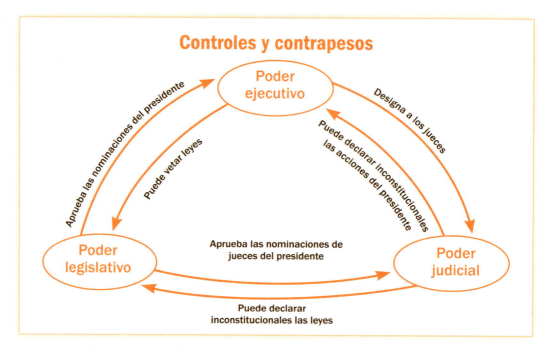

Controles y contrapesos

Poder ejecutivo

Aprueba las nominaciones del presidente

Puede vetar leyes

Designa a los jueces

Puede declarar inconstitucionales las acciones del presidente

Poder legislativo

Aprueba las nominaciones de jueces del presidente

Poder judicial

Puede declarar inconstitucionales las leyes

Pista: ¿De qué manera los controles afectan a cada una de las ramas?

1. ¿Por qué los creadores de la Constitución establecieron este sistema de controles y equilibrios?

   A. Querían limitar el gobierno federal y otorgarles más poder a los gobiernos estatales.

   B. Querían promover una mayor colaboración entre las tres ramas del gobierno.

   C. Querían evitar que el poder quedara concentrado en una sola rama del gobierno.

   D. Querían enlentecer el proceso del gobierno para que las medidas no se adoptaran con demasiada prisa.

Pista: Piense cómo las obligaciones de un ayuntamiento y un alcalde se relacionan con las ramas legislativa y ejecutiva del gobierno federal.

2. En 2014, un juez federal dictaminó que una ley de la ciudad de Chicago que prohibía la venta de armas de fuego era inconstitucional. Este es un ejemplo de la rama judicial de gobierno que controla el poder de otra rama del gobierno. ¿Cuál es esa rama?

   A. el presidente de Estados Unidos

   B. el Ayuntamiento de Chicago

   C. el alcalde de Chicago

   D. el Congreso de Estados Unidos

Unidad 1: Civismo y gobierno

La estructura del gobierno estadounidense

La estructura del gobierno federal estadounidense está estipulada por la Constitución de los Estados Unidos. La Constitución también detalla cómo se eligen los miembros de cada rama, cuánto tiempo duran en su cargo y los poderes de cada rama del gobierno.

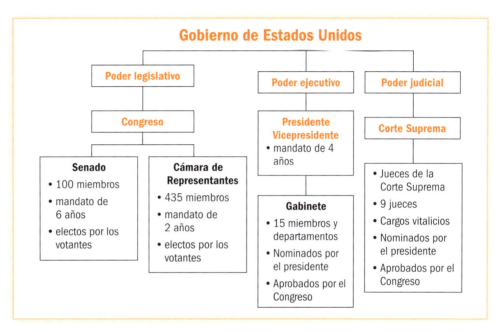

Gobierno de Estados Unidos

Poder legislativo
- **Congreso**

Senado
- 100 miembros
- mandato de 6 años
- electos por los votantes

Cámara de Representantes
- 435 miembros
- mandato de 2 años
- electos por los votantes

Poder ejecutivo
- **Presidente Vicepresidente**
  - mandato de 4 años

Gabinete
- 15 miembros y departamentos
- Nominados por el presidente
- Aprobados por el Congreso

Poder judicial
- **Corte Suprema**

- Jueces de la Corte Suprema
- 9 jueces
- Cargos vitalicios
- Nominados por el presidente
- Aprobados por el Congreso

Ejemplo de pregunta

¿Cuál es la rama de gobierno en la que el cargo se mantiene por el período más prolongado?

A. El Senado

B. La Cámara de Representantes

C. El presidente

D. Los jueces de la Corte Suprema

Análisis

P: ¿Qué muestra el diagrama?
R: La estructura del gobierno

P: ¿En qué lugar el diagrama da información acerca de cada rama?
R: En las casillas debajo de cada rama

P: ¿Qué pregunta se formula?
R: ¿Cuál es la rama en la que el cargo se mantiene por el período más prolongado?

P: ¿Cuál es la opción correcta?
R: La opción A es incorrecta porque los senadores desempeñan su cargo por seis años.

La opción B es incorrecta porque los miembros de la Cámara de Representantes desempeñan su cargo por dos años.

La opción C es incorrecta porque el presidente desempeña su cargo por cuatro años.

La opción D es correcta. Los jueces de la Corte Suprema tienen cargos vitalicios.

La estructura del gobierno estadounidense

Práctica guiada

La Convención Federal se reunió en Filadelfia en mayo de 1787 para modificar los Artículos de la Confederación, que se habían empleado como el marco organizativo de Estados Unidos desde que había obtenido su independencia de Gran Bretaña en 1781. Sin embargo, pronto resultó evidente para los delegados que debían hacer algo más que modificar el documento, por lo que decidieron reformular una nueva constitución. Durante el verano de 1787, analizaron las necesidades de la joven nación, debatieron sobre distintos temas y elaboraron la primera Constitución de los Estados Unidos. El artículo V definía el método que se podría usar para enmendar o cambiar la Constitución en el futuro.

> *Siempre que las dos terceras partes de ambas cámaras lo juzguen necesario, el Congreso propondrá **enmiendas** a esta Constitución, o bien, a solicitud de las legislaturas de los dos tercios de los distintos estados, convocará una convención con el objeto de que proponga enmiendas, las cuales, en uno y otro caso, poseerán la misma validez que si fueran parte de esta Constitución, desde todos los puntos de vista y para cualesquiera fines, una vez que hayan sido ratificadas por las legislaturas de las tres cuartas partes de los estados separadamente o por medio de convenciones reunidas en tres cuartos de los mismos, según que el Congreso haya propuesto uno u otro modo de hacer la ratificación.*

—Constitución de los Estados Unidos, artículo V

enmienda: cambio efectuado a la Constitución

Pista: ¿Cuál es el propósito principal del artículo V?

1. ¿Qué conclusión puede extraer acerca de por qué los redactores de la Constitución agregaron este artículo?

   A. Sabían que las necesidades del país cambiarían con el transcurso del tiempo.

   B. Querían garantizar la supremacía del Congreso.

   C. Querían evitar que cualquier facción tuviera demasiado poder.

   D. Querían limitar el poder de los gobiernos estatales.

Pista: ¿Cómo protege el artículo el poder de los estados?

2. ¿De qué manera el artículo V conserva la división de poderes entre los estados y el gobierno federal?

   A. Evita que los votantes propongan directamente y aprueben las enmiendas de la Constitución.

   B. Permite que las legislaturas estatales propongan cambios a la Constitución.

   C. Garantiza que el gobierno federal no haga ningún cambio a la Constitución sin la aprobación de tres cuartos de los estados, como mínimo.

   D. Permite que haya un consenso de ambas cámaras del Congreso para proponer cambios a la Constitución.

Unidad 1: Civismo y gobierno

Derechos individuales y responsabilidades cívicas

Declaración de Derechos: primeras diez enmiendas de la Constitución de Estados Unidos que garantizan las libertades civiles de los ciudadanos

Mientras se analizaba la Constitución de Estados Unidos durante el proceso de adopción, muchas personas se mostraron preocupadas porque el documento no otorgaba protección suficiente a las libertades civiles de los ciudadanos. En consecuencia, inmediatamente después de la adopción de la Constitución, se redactó una serie de diez enmiendas que garantizan a los estadounidenses determinados derechos al amparo de la Constitución. Estas enmiendas se denominan **Declaración de Derechos.** Sigue a continuación la Cuarta Enmienda.

No se podrá violar el derecho de una persona a mantener su seguridad personal ni la seguridad de su hogar, sus documentos y sus efectos frente a registros o confiscaciones injustificados y no podrán emitirse órdenes de allanamiento, salvo con causa probable previa, respaldada por un juramento o declaración formal, donde se describa específicamente el lugar a ser registrado y las personas o efectos que se confiscarán.

—Declaración de Derechos, Cuarta Enmienda

Ejemplo de pregunta

¿Qué acto sería un incumplimiento de esta enmienda?

A. Se cometió un robo y la policía no obtiene una orden de allanamiento para registrar una casa en busca de las pertenencias robadas.

B. Un hombre está enfadado con su vecino. Dice mentiras sobre él y les cuenta a todos que el vecino consume drogas.

C. Una persona ha sido detenida y permanece en la cárcel durante una semana sin que le digan cuál es el cargo y sin presentarse ante un juez.

D. Una mujer fue detenida por robar en una tienda. Un juez resolvió enviarla a la cárcel y no permitirle tener un juicio por jurado.

Análisis

P: ¿Cuál es la idea central de la Cuarta Enmienda?
R: Trata sobre la protección de las personas contra registros injustificados.

P: ¿Qué pregunta se formula?
R: ¿Qué opción describe un acto que sería un incumplimiento de la enmienda?

P: ¿Cuál es la opción correcta?

R: La opción A es correcta. La policía no obtuvo una orden de allanamiento para registrar la vivienda.

La opción B es incorrecta porque está relacionada con la difamación.

La opción C es incorrecta porque está relacionada con el derecho a un juicio público y sin demora.

La opción D es incorrecta porque está relacionada con el derecho a un juicio por jurado.

Práctica guiada

La Constitución y varias leyes protegen las libertades civiles de los estadounidenses, pero en ocasiones esas leyes entran en conflicto entre sí o con los valores que sostienen firmemente los estadounidenses.

Un ejemplo del conflicto entre libertades civiles y valores se produjo en 1984 en la Convención Nacional Republicana en Dallas, Texas. Un grupo de manifestantes estaban protestando en contra del presidente Ronald Reagan y su gobierno. Los manifestantes marcharon por la ciudad de Dallas, gritando consignas políticas, pintando paredes con aerosol y volcando macetas de plantas. Gregory Lee Johnson participó en la marcha, pero no cometió ningún acto de vandalismo. Sin embargo, otro manifestante le dio una bandera que había retirado de un mástil. Cuando los manifestantes llegaron al edificio del Ayuntamiento de Dallas, Johnson empapó la bandera con kerosén y le prendió fuego mientras los manifestantes gritaban: "Estados Unidos, rojo, blanco y azul, escupimos sobre ti".

Muchas personas se sintieron ofendidas por la quema de la bandera y Johnson fue detenido porque quemar una bandera estadounidense estaba expresamente prohibido por las leyes de Texas. Un tribunal estatal lo declaró culpable y le adjudicó una pena de un año de prisión y una multa de $2,000.

Johnson apeló la condena y, en última instancia, el caso *Texas contra Johnson* llegó a la Suprema Corte de Estados Unidos. La Corte lo declaró inocente y dictaminó que sus libertades civiles y derechos constitucionales habían sido violados. Aunque quemar la bandera estadounidense resultó ofensivo para muchas personas, el acto era una demostración de su libre expresión y, por lo tanto, estaba protegido por la Primera Enmienda de la Constitución.

> **Pista:** ¿Por qué motivo Johnson quemó la bandera?

1. ¿Por qué la Corte Suprema decidió que la ley que prohibía incendiar banderas no se podía aplicar en contra de Johnson?

    A. La bandera estadounidense no es un símbolo sagrado.

    B. La libertad de expresión se debe proteger.

    C. No existe ninguna ley federal que prohíba incendiar banderas.

    D. Las leyes de Texas no se pueden aplicar a la bandera estadounidense.

> **Pista:** ¿Por qué Texas aprobaría una ley que prohíba quemar la bandera estadounidense?

2. ¿Cuál es *probablemente* la razón por la cual la primera decisión judicial de Texas declaró culpable a Johnson?

    A. Los manifestantes cometieron actos de vandalismo e interrumpieron la convención.

    B. Johnson no se mostró arrepentido por incendiar la bandera.

    C. Las leyes de Texas establecían que quemar la bandera estadounidense era un delito.

    D. El tribunal no estaba de acuerdo con las opiniones políticas de Johnson y su oposición a Reagan.

Cada cuatro años se celebran elecciones en Estados Unidos para elegir a un presidente. Un tercio de los senadores se eligen cada dos años. Todos los miembros de la Cámara de Representantes se eligen cada dos años. Las leyes estatales y locales disponen la elección periódica de gobernadores, legisladores estatales, alcaldes y otros líderes políticos.

El camino hacia la elección puede poner a prueba a los candidatos más decididos. Debates, discursos, eventos de recaudación de fondos y entrevistas: todo forma parte del proceso. Los candidatos deben darse a conocer ante el público a través de anuncios publicitarios, carteles en la calle y apariciones en la televisión. Se esfuerzan por convencer a los votantes que son los mejores candidatos.

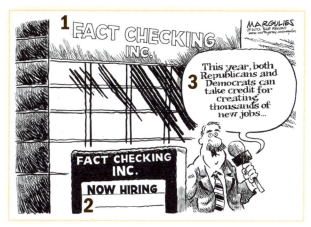

Jimmy Margulies, *The Record*, 9 de septiembre de 2012, Hackensack, NJ, North America Syndicate

1. Verificación de Hechos, Inc.
2. Se necesitan trabajadores.
3. "Este año, tanto republicanos como demócratas pueden llevarse el crédito por crear miles de empleos".

Observe la caricatura política que expresa una opinión acerca de un elemento de una campaña típica.

Ejemplo de pregunta ¿Cuál es el objetivo del autor de esta caricatura?

A. señalar que los republicanos suelen presentar falsedades

B. destacar que los candidatos de ambos partidos presentan información inexacta

C. mostrar que las campañas políticas crean muchas oportunidades laborales

D. mostrar que los políticos son corruptos y no se puede confiar en ellos

Análisis
P: ¿Cuáles son las dos ideas que presenta el autor de esta caricatura?
R: Ambos partidos políticos crean nuevos empleos, pero los empleos se crean en el sector de verificación de hechos.

P: ¿La creación de empleos es el punto principal del autor de esta caricatura? ¿Por qué?
R: No. El cartonista manifiesta que los políticos no siempre dicen la verdad.

P: ¿Qué opción describe mejor el propósito del autor de esta caricatura?
R: La opción A es incorrecta. El periodista dice que ambos partidos se llevan el crédito.

La opción B es correcta. Ambos partidos dicen falsedades y el autor de esta caricatura sugiere que eso genera muchos empleos para personas que buscan confirmar la verdad o informar sobre los hechos reales.

La opción C podría ser verdadera, pero la idea principal del autor de esta caricatura no está relacionada con la creación de empleos.

La opción D es incorrecta. El autor de esta caricatura sugiere que se verifique lo que dicen los políticos.

Práctica guiada

Cuando los candidatos políticos lanzan su campaña, hacen todos los esfuerzos posibles por mostrar su mejor imagen, a la vez que sugieren que sus opositores no están tan bien preparados como ellos o no entienden las necesidades o intereses del pueblo estadounidense. En ocasiones, esto conduce al uso de información falsa, que es el tema de la caricatura anterior. Los candidatos también pueden usar lenguaje persuasivo para exhibir una imagen de sí mismos que creen que influirá en la opinión de los votantes. Analice el siguiente discurso pronunciado por el presidente Barack Obama en la campaña de 2012.

> *Lo que nos impide cumplir nuestros desafíos no es la ausencia de grandes ideas, no son las soluciones técnicas... Lo que nos frena es que Washington llegó a un punto de estancamiento...*
>
> *En esta elección queremos acabar con ese estancamiento... Mi contrincante y sus aliados en el Congreso creen en una economía desde arriba. Sostienen que, si gastamos miles de millones de dólares en bajar los impuestos, en su mayoría, a los adinerados, aunque tengamos que pagarlo quitando recursos a la educación, a los programas de capacitación laboral, a las inversiones en investigaciones básicas... que si hacemos eso, de alguna manera u otra todos ustedes se verían beneficiados. Esa es la idea que ellos tienen...*
>
> *Necesitamos a alguien que crea en una economía enfocada en la clase media, una economía desde abajo, alguien que luche por ustedes y por la clase trabajadora... a lo largo y ancho de Estados Unidos. Por eso me postulo para un segundo mandato como presidente de este país.*
>
> —Presidente Barack Obama, 14 de julio de 2012

Pista: ¿Qué dice el presidente en la conclusión de su discurso?

1. ¿Cuál es la finalidad principal del presidente Obama al pronunciar este discurso?
   A. persuadir a los votantes de que la economía desde arriba no funciona
   B. exhortar a los votantes a apoyar sus esfuerzos para promover una economía desde abajo
   C. pedirles a las personas que voten por candidatos que acaben con el estancamiento en Washington
   D. convencer a las personas para que voten por él en la próxima elección

Pista: ¿Qué palabras usa el presidente para evocar sentimientos positivos o negativos en sus oyentes?

2. ¿Cuál de las siguientes oraciones es un ejemplo de cómo el presidente Obama usa un lenguaje que apela a las emociones para influir en el público?
   A. "Aunque tengamos que pagarlo quitando recursos a la educación".
   B. "En esta elección queremos acabar con ese estancamiento".
   C. "Por eso me postulo para un segundo mandato como presidente de este país".
   D. "Lo que nos impide cumplir nuestros desafíos no es la ausencia de grandes ideas".

Políticas públicas contemporáneas

política pública:
iniciativa del gobierno para resolver un problema público mediante el uso de leyes, reglamentaciones, discursos, decisiones o medidas

Las **políticas públicas** son acciones o actividades realizadas por el gobierno federal para intentar influir en un problema o situación pública. Las iniciativas pueden transformarse en legislación, reglamentaciones, discursos o comentarios formulados por funcionarios del gobierno u otras medidas gubernamentales. En la década de 1960, por ejemplo, los discursos del presidente Lyndon Johnson y la legislación sobre derechos civiles del Congreso fueron ejemplos de una iniciativa del gobierno de alentar a los estadounidenses a tratar a todas las personas de manera equitativa, independientemente de su raza. Las políticas públicas representan una parte constante de las responsabilidades de nuestro gobierno. Lea el siguiente pasaje sobre una de las políticas públicas contemporáneas.

Los cigarrillos electrónicos han logrado eludir la reglamentación, aunque la Administración de Alimentos y Medicamentos (FDA) afirmó que regularía este sustituto del tabaco. Muchas personas, que consideran que fumar cigarrillos electrónicos conduce peligrosamente al hábito de fumar tabaco real, han comenzado a cuestionar la insensatez de esta inactividad, incluso también del Congreso. En un informe del Congreso, los senadores Dick Durbin y Tom Harkin, y el miembro de la Cámara de Representantes Henry Waxman, comenzaron a ejercer presión para adoptar medidas.

"No entiendo por qué la FDA se está tardando tanto", comentó el senador Durbin. "Claramente, cuanto más esperemos, más personas jóvenes se volverán adictas".

El miembro de la Cámara de Representantes Waxman agregó: "Luchamos durante décadas para establecer normas estrictas para la comercialización de cigarrillos tradicionales... Los fabricantes de cigarrillos electrónicos no se rigen por las mismas reglas del juego. Tienen la libertad de patrocinar eventos orientados a los jóvenes y producir sabores que resultan atractivos a los niños, y eso es exactamente lo que está ocurriendo".

Ejemplo de pregunta ¿Por qué los comentarios de Durbin y Waxman tienen la fuerza necesaria para ayudar a formular políticas públicas?

A. Como no son electos, no se ven influenciados por la presión pública.

B. Tienen la facultad de crear leyes, por lo que la gente escucha lo que dicen.

C. Tienen más conocimiento acerca de los riesgos de fumar que la mayoría de las personas.

D. Como servidores públicos, no son influenciados por intereses especiales.

Análisis **P:** ¿Qué quieren Durbin y Waxman que suceda?
R: Quieren que la FDA regule la venta de cigarrillos electrónicos.

P: ¿Qué pregunta se formula?
R: ¿Por qué lo que dicen Durbin y Waxman afecta las políticas públicas?

P: ¿Qué opción es la mejor respuesta?
R: La opción A es incorrecta. Los senadores y miembros de la Cámara de Representantes son elegidos por los votantes.

La opción B es correcta. Ejercen poder porque contribuyen a formular las leyes nacionales.

La opción C es incorrecta. La información acerca de los riesgos de fumar está disponible para todos.

La opción D es incorrecta. Los políticos están bajo una presión constante de intereses especiales y no resultan inmunes a ella.

Práctica guiada

Raramente, las políticas públicas surgen de un consenso entre todos los líderes gubernamentales, sino que evolucionan a medida que los líderes y el público debaten sobre alguna cuestión. El calentamiento global fue sometido a décadas de debate. Algunas personas afirmaban con vehemencia que no existía o, por lo menos, que no era significativo. Otros argumentaban que el calentamiento global era una realidad y que produciría efectos catastróficos si no se hacía nada para detenerlo. En un comunicado de prensa, el secretario de estado John Kerry participa en el debate.

Muchas de las tecnologías que nos ayudarán a combatir el cambio climático son mucho más económicas, están más accesibles y tienen mejor rendimiento ahora en comparación a cuando se publicó el último informe de evaluación del Grupo Intergubernamental de Expertos sobre el Cambio Climático (IPCC) hace menos de una década. Las soluciones de eficiencia energética representan soluciones para el clima y este informe arroja luz sobre tecnologías energéticas disponibles en la actualidad para reducir considerablemente las emisiones globales.

Estas tecnologías pueden reducir la contaminación de carbono, al tiempo que incrementan las oportunidades económicas. El mercado energético mundial representa una oportunidad con un valor de 6,000 billones de dólares y 6,000 millones de usuarios en todo el mundo. Para 2035, se espera que las inversiones en el sector de la energía alcancen aproximadamente 17,000 billones de dólares.

Ya sabemos que la ciencia del clima es clara y que cada año que el mundo decide posponer la acción, los costos siguen aumentando. Pero enfocarse únicamente en una realidad sombría no nos permite ver las realidades prometedoras que tenemos delante nuestro.

Secretario de estado John Kerry, comunicado de prensa, 13 de abril de 2014

Pista: Kerry quiere reducir la contaminación por carbono. ¿Por qué cree que ahora es el momento de actuar?

1. ¿Qué oración del pasaje resume mejor la idea central del secretario de estado John Kerry?
   A. "Las soluciones de eficiencia energética representan soluciones para el clima".
   B. "Estas tecnologías pueden reducir la contaminación de carbono, al tiempo que incrementan las oportunidades económicas".
   C. "Para 2035, se espera que las inversiones en el sector de la energía alcancen aproximadamente 17 ,000 billones de dólares".
   D. "Ya sabemos que la ciencia del clima es clara".

Pista: Una opinión es algo que una persona cree. Puede o no ser verdadero.

2. ¿Qué oración del pasaje es una opinión?
   A. "Muchas de las tecnologías que nos ayudarán a combatir el cambio climático son mucho más económicas, están más accesibles y tienen mejor rendimiento".
   B. "El mercado energético mundial representa una oportunidad con un valor de 6,000 billones de dólares".
   C. "Para 2035, se espera que las inversiones en el sector de la energía alcancen aproximadamente 17,000 billones de dólares".
   D. "Enfocarse únicamente en una realidad sombría no nos permite ver las realidades prometedoras que tenemos delante nuestro".

Unidad 1: Civismo y gobierno

Diferenciar hechos de opiniones

Cuando lea los pasajes en el examen de Estudios Sociales, deberá diferenciar los hechos de las opiniones. Un hecho es algo que se puede comprobar que es verdadero. Una opinión es la creencia de una persona y puede o no ser verdadera. Lea atentamente y piense si las oraciones que lee son hechos u opiniones.

Lea el siguiente fragmento del discurso del presidente Barack Obama del 30 de enero de 2016:

… Vivimos en una época de cambios extraordinarios, cambios que afectan la manera en que vivimos y trabajamos. Las nuevas tecnologías reemplazan cualquier empleo en el que el trabajo se pueda automatizar. Los trabajadores necesitan más destrezas para avanzar. Estos cambios no son nuevos y se espera que se aceleren. Entonces, debemos preguntarnos: "¿Cómo nos aseguramos de que todos tengan una oportunidad justa de alcanzar el éxito en esta nueva economía?".

La respuesta a esa pregunta comienza con la educación. Por eso mi gobierno ha alentado a los estados a elevar los estándares. Hemos reducido a la mitad del desfase digital entre los salones de clases. Hemos trabajado con el Congreso para aprobar un proyecto de ley partidario que establezca la expectativa de que cada estudiante debería graduarse de la escuela preparatoria con una preparación adecuada para la universidad y un buen empleo. Y gracias al arduo trabajo de estudiantes, maestros y padres en todo el país, la tasa de graduación de la escuela preparatoria ha alcanzado un máximo histórico.

Ejemplo de pregunta

¿Cuál de las siguientes oraciones del discurso de Obama refleja su opinión y no está basada en hechos?

A. "Los trabajadores necesitan más destrezas para avanzar".

B. "La respuesta a esa pregunta comienza con la educación".

C. "… mi gobierno ha alentado a los estados a elevar los estándares".

D. "… la tasa de graduación de la escuela preparatoria ha alcanzado un máximo histórico".

Análisis

P: ¿Cuál es la diferencia entre hechos y opiniones?
R: Se puede comprobar la veracidad de los hechos.

P: ¿Qué pregunta se formula?
R: ¿Qué declaración es una opinión?

P: ¿Cuál es la respuesta correcta?
R: La opción A es incorrecta. Se puede comprobar que los trabajadores necesitan más destrezas para avanzar.

La opción B es correcta. Obama opina que la educación es la respuesta, pero hay otras respuestas posibles.

La opción C es incorrecta. Se puede comprobar que el gobierno de Obama alentó a los estados a elevar los estándares.

La opción D es incorrecta. Se puede comprobar su veracidad con estadísticas.

Práctica guiada

En 2014, la Corte Suprema de Estados Unidos anuló un caso de California en contra de un hombre cuyo teléfono celular había sido registrado cuando un oficial de policía lo detuvo por una infracción de tránsito. La Corte dictaminó que la policía necesita una orden de allanamiento para registrar el teléfono celular de una persona. A continuación, aparece un fragmento de la opinión de la Corte Suprema en el caso Riley contra California.

> La Cuarta Enmienda dispone: "No se podrá violar el derecho de una persona a mantener su seguridad personal ni la seguridad de su hogar, sus documentos y sus efectos frente a registros o confiscaciones injustificados y no podrán emitirse órdenes de allanamiento, salvo con causa probable previa, respaldada por un juramento o declaración formal, donde se describa específicamente el lugar a ser registrado y las personas o efectos que se confiscarán".
>
> Nuestros casos han reconocido que la Cuarta Enmienda fue la respuesta de los fundadores de nuestra nación ante las tan temidas "órdenes generales de allanamiento" y "órdenes de asistencia" de la época colonial, que permitían a los oficiales británicos hurgar en nuestros hogares en una búsqueda descontrolada de pruebas de actividades criminales. La oposición a dichos registros fue, de hecho, una de las fuerzas impulsoras detrás de la propia revolución. En 1761, el patriota James Otis dió un discurso en Boston condenando el uso de las órdenes de asistencia. El joven John Adams presenció el discurso y más tarde escribiría que "parecía como si cada uno de los hombres allí presentes se marchaban dispuestos a tomar las armas en contra de las órdenes de asistencia". Según Adams, el discurso de Otis fue "la primera escena del primer acto de oposición a las afirmaciones arbitrarias de Gran Bretaña. Fue en ese momento y lugar en que nació una criatura llamada Independencia".
>
> Los teléfonos celulares modernos no son simplemente otra comodidad tecnológica. Con todo lo que contienen y todo lo que pueden revelar, para muchos estadounidenses son portadores de "su privacidad". El hecho de que la tecnología ahora permita a una persona llevar esa información en sus manos no hace que dicha información sea merecedora de menos protección por la que lucharon nuestros padres fundadores. Nuestra respuesta a la pregunta de qué debe hacer la policía antes de registrar un teléfono celular confiscado tras una detención es sencilla: obtener una orden de allanamiento.

Pista: Los hechos y las opiniones se pueden fundamentar con evidencia, pero solo los hechos se pueden comprobar. ¿Cuál afirmación puede ser comprobada?

1. ¿Cuál de las siguientes oraciones es un hecho?
   A. "No se podrá violar el derecho de una persona... frente a registros o confiscaciones injustificados…".
   B. "En 1761, el patriota James Otis dió un discurso en Boston condenando el uso de las órdenes de asistencia".
   C. "Los teléfonos celulares modernos no son simplemente otra comodidad tecnológica".
   D. "El hecho de que la tecnología ahora permita a una persona llevar esa información en sus manos no hace que dicha información sea merecedora de menos protección por la que lucharon nuestros padres fundadores".

Pista: La Corte cita a la Cuarta Enmienda en su opinión, es decir que la opinión probablemente se relacione con los derechos constitucionales.

2. ¿Qué oración resume la opinión de la Corte?
   A. La Corte Suprema anuló el caso de California.
   B. La Corte dictaminó que la policía necesita una orden de allanamiento para registrar teléfonos celulares.
   C. Incluso la tecnología portátil merece ser protegida de acuerdo con la Constitución.
   D. Se debe obtener una orden de allanamiento antes de confiscar un teléfono celular.

Escoja la mejor respuesta para cada pregunta.

Las preguntas 1 a 3 se refieren a la siguiente gráfica.

Porcentaje de votantes registrados que votaron, 1990-2010

Fuente: Oficina del Censo de Estados Unidos

1. ¿En qué año ocurrió la mayor participación de votantes?

   A. 1996

   B. 2004

   C. 2006

   D. 2008

2. Por lo general, la participación de votantes es mayor durante los años de elecciones presidenciales. Con base en esta información y en la gráfica, ¿en qué años concluiría que se realizaron las elecciones presidenciales?

   A. 1990, 1994 y 2000

   B. 2002, 2006 y 2008

   C. 1992, 2000 y 2004

   D. 1996, 2000 y 2010

3. ¿Qué oración es la conclusión *más exacta* que se puede extraer de la información de la gráfica?

   A. Por lo general, las personas están dispuestas a participar en el proceso político mediante el voto.

   B. Las personas están más interesadas en participar en las elecciones principales que en las elecciones estatales o locales.

   C. Las personas han adquirido más interés en la política desde la década de 1990.

   D. Incluso durante las elecciones presidenciales, la mayoría de las personas no se toman la molestia de votar.

Las preguntas 4 y 5 se refieren al siguiente discurso.

Todos los que estén mirando hoy, si tienen una idea para su ciudad o su estado, díganos su plan. Si su idea fomentará la actividad económica, apoyará a las empresas locales y generará puestos de trabajo, el país está interesado en asociarse con usted...

Pero, desafortunadamente, la financiación de estos proyectos estará en peligro a menos que el Congreso apruebe este nuevo proyecto de ley de transporte... Necesitaremos su voz para decirle a todo el país por qué es tan importante. Las carreteras y puentes no deberían ser una cuestión partidaria. Más estadounidenses deberían tener acceso al tipo de medios eficientes y económicos que ustedes tendrán con la Línea Verde. No existe otra manera más rápida ni mejor para el Congreso de crear puestos de trabajo en este momento, desarrollar nuestra economía y lograr efectos positivos en nuestra economía durante décadas que la de iniciar y concluir más proyectos como este.

—Presidente Barack Obama, 26 de febrero de 2014

4. ¿Cuál es la finalidad principal del presidente Obama al dar este discurso?

   A. alentar a los votantes a que presionen a sus representantes en el Congreso para que apoyen el financiamiento de proyectos

   B. obtener la aprobación de los votantes para postularse para la reelección como presidente

   C. tranquilizar a los votantes y asegurarles que el Congreso está trabajando arduamente para mejorar la economía mediante la ley de transporte

   D. demostrar su apoyo a los ciudadanos comunes que están respaldando a las empresas locales

5. ¿Qué significa la palabra *medios* tal como la usa el presidente Obama en su discurso?

   A. posibilidad de trasladarse de un lugar a otro

   B. campaña política

   C. proyecto de ley del Congreso

   D. sistema de transporte

Las preguntas 6 a 8 se refieren al siguiente pasaje.

Si fallece un senador, la Constitución de Estados Unidos le permite a su estado designar a un nuevo senador para que culmine su mandato. Sin embargo, la Constitución no tiene una disposición similar ante el fallecimiento de un miembro de la Cámara de Representantes. En ese caso, se debe realizar una elección y este proceso puede tardar meses. Algunas personas creen que la Constitución se debería modificar para permitir la designación inmediata de representantes. Afirman que un ataque terrorista en el Capitolio podría matar a tantos representantes que la cámara quedaría imposibilitada de funcionar cuando más lo necesite.

6. ¿Cuál de las siguientes oraciones es una opinión?

   A. La Constitución especifica cómo reemplazar a los miembros del Congreso.

   B. Si un senador fallece, se puede designar a uno nuevo para que ocupe su cargo.

   C. No existe ninguna disposición para la designación de un reemplazo ante el fallecimiento de un miembro de la Cámara de Representantes de Estados Unidos.

   D. La Constitución se debería modificar para permitir la designación de un reemplazo ante el fallecimiento de un miembro de la Cámara de Representantes.

7. ¿Qué valores intentan sostener los partidarios de esta enmienda?

   A. la ley y el orden

   B. la vida y la libertad

   C. la salud y la riqueza

   D. la interdependencia económica

8. ¿Cuál sería un buen título para este pasaje?

   A. prevención de futuros ataques al Capitolio

   B. modificación de la Constitución estadounidense

   C. cómo asegurar el funcionamiento de la Cámara de Representantes

   D. cómo llenar una vacante en el Senado

9. Los gobiernos locales, como los condados y distritos escolares, obtienen su poder de los gobiernos estatales. Los gobiernos estatales fijan sus límites y determinan sus facultades. ¿Cuál de las siguientes relaciones se asemeja más a la relación entre los gobiernos estatales y locales?

   A. los alcaldes y los ayuntamientos

   B. los gobiernos federales y estatales

   C. los departamentos del condado y el consejo del condado

   D. el Congreso y el presidente

Lea la siguiente noticia del periódico y responda la pregunta.

La reunión comunitaria de anoche convocó a una gran multitud para analizar el polémico tema del impuesto a las ventas. Muchas personas se declararon en contra y manifestaron que el impuesto existente ya era demasiado elevado. Otras argumentaron que muchos servicios de la ciudad no recibían suficientes fondos y las calles se estaban deteriorando debido a la falta de fondos para repararlas. Tras 30 minutos de debate, se realizó una votación y la mayoría se declaró a favor de establecer un impuesto a las ventas. El gobierno de la ciudad comenzará a cobrar un impuesto del 2 por ciento en todas las ventas minoristas, excepto comestibles, dentro de 60 días.

10. ¿Qué forma de democracia se está practicando?

   A. democracia presidencial

   B. democracia directa

   C. democracia parlamentaria

   D. democracia representativa

Las preguntas 11 y 12 se refieren al siguiente pasaje.

En este pasaje, escrito en 1788, Alexander Hamilton promueve la adopción de la Constitución estadounidense que se había redactado recientemente.

Quien considere atentamente las diferentes esferas del gobierno debe percibir que, en un gobierno en el que estas están separadas entre sí, el poder judicial, por la naturaleza de sus funciones, será siempre el menos peligroso para los derechos políticos de la Constitución... El ejecutivo no solo concede los honores, sino que también tiene la espada de la comunidad. El legislativo no solo controla el bolsillo, sino que también prescribe las normas por las cuales los derechos y deberes de cada ciudadano serán regulados. El judicial, por el contrario, no tiene influencia ni sobre la espada ni sobre el bolsillo... sino solamente sobre el juicio; y debe finalmente depender de la ayuda del ejecutivo aún para la eficacia de sus decisiones.

—Alexander Hamilton, *Papeles Federales*, número 78

11. ¿Por qué los redactores de la Constitución deliberadamente hicieron que el poder judicial fuera más débil al no concederle ningún poder sobre las finanzas ni la aplicación de las leyes?

   A. porque los tribunales son siempre la rama más poderosa del gobierno

   B. para que dependa del Congreso y del presidente

   C. para que su criterio no se vea influenciado por el dinero y el poder

   D. porque no querían que el poder judicial aprobara leyes que favorecieran a los ricos

12. ¿Por qué el poder judicial depende de la rama ejecutiva del gobierno?

   A. El poder judicial no tiene la facultad de hacer cumplir sus decisiones.

   B. El poder judicial es parte de la rama ejecutiva del gobierno.

   C. El poder judicial es parte de la rama legislativa del gobierno.

   D. El poder ejecutivo controla el financiamiento del gobierno.

Las preguntas 13 y 14 se refieren al siguiente pasaje.

La campaña de un candidato presidencial puede llegar a tener cientos de trabajadores remunerados y miles de voluntarios. El encargado de la organización es el jefe de la campaña, que coordina y dirige las actividades. Una campaña también puede tener varios consultores remunerados. Pueden ser asesores políticos que asesoran en diferentes estrategias; asesores de comunicación que apuntan a la televisión, la radio y las redes sociales; y asesores estadísticos, que realizan encuestas de opinión en nombre del candidato.

13. ¿Cuál es el *mejor* título para este pasaje?

   A. El auge de los asesores políticos

   B. La organización de la campaña presidencial

   C. Voluntarios en la organización de campañas

   D. Cómo resultar electo como presidente

14. ¿Qué puede deducir a partir de la información en este pasaje?

   A. Las campañas presidenciales suelen durar más de un año.

   B. La mayoría de los empleados de la campaña trabajan en la sede central de la misma.

   C. Las encuestas ofrecen datos dudosos para el candidato.

   D. Para dirigir una campaña presidencial, el candidato debe contar con mucho dinero.

Estados Unidos está comprometido a proteger las libertades civiles como un escudo para las personas que aman la libertad, no como una espada para las que aborrecen la libertad.

—John Ashcroft, fiscal general de Estados Unidos

15. ¿Cuál es un ejemplo de una acción que Ashcroft querría *probablemente* que se protegiera como un "escudo para las personas que aman la libertad"?

   A. dar un discurso público que se oponga a un proyecto de ley

   B. divulgación no autorizada de documentos secretos de la Agencia Nacional de Seguridad

   C. un grupo de supremacía blanca que amenaza a un grupo minoritario a través de la violencia

   D. registro de un automóvil por parte de oficiales de policía en busca de drogas sin causa probable

Las preguntas 16 y 17 se refieren a la siguiente caricatura política.

Monte Wolverton, www.caglecartoons.com, 14 de abril de 2014

1. Gobierno del pueblo, por el pueblo y para el pueblo...
2. "¡Váyase! ¿No se da cuenta de que estoy ocupado?"
3. Las compañías grandes y ricas y los cabilderos
4. El ciudadano común

16. ¿Qué principio de la democracia constitucional estadounidense está satirizado en esta caricatura?

   A. la separación de poderes

   B. la regla de la mayoría

   C. el estado de derecho

   D. los derechos individuales

17. ¿Qué oración resume *mejor* la idea principal de esta caricatura?

   A. Los intereses políticos que se rehúsan a transigir conducen a un gobierno paralizado.

   B. Cada ciudadano tiene el derecho de prosperar y tener éxito en cualquier campo que desee.

   C. Los ricos tienen demasiada influencia en el gobierno estadounidense.

   D. La Constitución garantiza que todas las personas tengan una voz equitativa en el gobierno.

18. Luego de los ataques terroristas del 11 de septiembre, Estados Unidos condujo a varios presuntos terroristas a una prisión en la base naval estadounidense en la bahía de Guantánamo, Cuba. Algunos permanecieron recluidos durante años sin que se iniciara un juicio. Muchos abogados se quejaron acerca de las dificultades que tenían para hablar con sus clientes y la confiscación ilegítima de las comunicaciones entre abogados y clientes. Muchas personas argumentan que estas medidas son una violación de un derecho amparado por la Declaración de Derechos. ¿Cuál es ese derecho?

   A. la libertad de expresión

   B. la libertad religiosa

   C. la protección contra registros injustificados

   D. el debido proceso

Las preguntas 19 y 20 se refieren al siguiente pasaje.

La Constitución de Estados Unidos incluye un sistema de controles y equilibrios que otorga a cada una de las tres ramas de gobierno alguna forma de poder sobre las otras dos. Uno de dichos poderes es la facultad del presidente de conceder indultos, anulando así la autoridad de los tribunales. Uno de los indultos más famosos fue el que concedió el presidente Gerald Ford al expresidente Richard Nixon por los delitos cometidos mientras ocupaba su cargo. Otro ejemplo fue el indulto concedido por el presidente George H. W. Bush a los funcionarios gubernamentales por su intervención en el escándalo Irán-Contra, en el cual los agentes gubernamentales estadounidenses facilitaron la venta ilegal de armas a Irán.

19. ¿Cuáles fueron *probablemente* las razones por las que cada presidente concedió los indultos?

   A. La justicia se debe mantener imparcial.

   B. Había transcurrido tiempo suficiente.

   C. El país debe seguir adelante.

   D. Se debe poner un freno al poder judicial.

20. El presidente Jimmy Carter ofreció una amnistía a 10,000 hombres que se habían escapado a Canadá para evitar ser reclutados durante la Guerra de Vietnam. ¿Qué grupo *probablemente* se opuso a esta indulgencia?

   A. Veteranos de Guerras en el Extranjero

   B. Liga de Mujeres Votantes

   C. Unión de Libertades Civiles Estadounidenses

   D. Asociación Nacional del Rifle

Las preguntas 21 y 22 se refieren al siguiente pasaje.

Poco después de que Japón atacara a Estados Unidos en 1941 para obligar al país a ingresar a la Segunda Guerra Mundial, el presidente Franklin D. Roosevelt emitió un decreto que autorizaba el traslado de ciudadanos estadounidenses de ascendencia japonesa a campos de reubicación. En 1982, el Congreso creó una comisión especial para evaluar las justificaciones de dicha medida. La comisión consideró que los traslados no estuvieron motivados por razones militares ni de seguridad. Fue una "injusticia grave" motivada por "el prejuicio racial, la histeria generada por la guerra y la incapacidad de liderazgo político".

21. ¿De cuál debate nacional formaron parte el decreto y la comisión?

   A. el poder de la rama ejecutiva contra el poder del Congreso

   B. los derechos individuales contra la seguridad nacional

   C. la libertad religiosa contra la seguridad nacional

   D. los derechos de gobierno federal contra los derechos de los estados

22. ¿Por qué los comisionados *probablemente* estuvieron en desacuerdo con la medida del presidente Roosevelt?

   A. Le atribuyeron mayor importancia al valor de la seguridad nacional.

   B. Querían reafirmar el poder del Congreso para anular las medidas ejecutivas.

   C. Querían establecer buenas relaciones con el gobierno japonés.

   D. No estaban afectados por el miedo a la guerra que motivó las acciones de Roosevelt.

El poder tiende a corromper y el poder absoluto corrompe absolutamente.

                 —Lord Acton, historiador británico

23. Según esta cita, ¿qué tipo de gobierno habría *probablemente* apoyado Lord Acton?

   A. monarquía absoluta

   B. dictadura

   C. estado totalitario

   D. democracia representativa

Las preguntas 24 y 25 se refieren al siguiente mapa.

Distribución del voto electoral en 2012

Fuente: Comisión Federal Electoral

24. ¿Qué regiones del país describen *mejor* los estados en los que ganó el presidente Obama en 2012?

   A. centro-norte y sur

   B. sureste y oeste

   C. centro y sur

   D. noreste y costa oeste

25. ¿Qué estado contribuyó con la mayor cantidad de votos electorales para la victoria de Obama?

   A. Virginia

   B. Missouri

   C. California

   D. Illinois

Donde haya un gobierno eficiente hay una dictadura.
—Presidente Harry S. Truman

26. ¿Qué oración es la *mejor* paráfrasis del comentario de Truman?

  A. La mejor expresión de la democracia es cuando todos participan.

  B. La democracia es una forma descuidada de gobierno.

  C. La democracia nunca funciona bien para todos en todo momento.

  D. La democracia no puede solucionar todos los problemas de un país.

Las preguntas 27 y 28 se refieren al siguiente pasaje.

Cuando hablo sobre una competencia mundial, no solo competimos por la inversión. Estamos en una competencia mundial por el talento. Pensémoslo de la siguiente manera. Si el elegido número uno en el proceso de selección de la NBA el próximo año proviene de otro país, de ningún modo esa persona tendrá un problema de inmigración. Nunca hemos deportado un jugador central de 2.10 metros de estatura. Nunca hemos deportado al mejor jugador base de Estados Unidos... Si no haríamos eso en los deportes, ¿por qué habríamos de hacerlo en nuestra economía? Entonces, lo que debemos tener es un sistema de inmigración renovado que valore la capacidad de contribuir a nuestra economía, en vez de que se base en el fundamento actual, que es la reunificación familiar. Igualmente se debería mantener este elemento, pero considero que principalmente se debe buscar fortalecer nuestra economía y traer personas a nuestro país que puedan contribuir con ella y ayudar a desarrollarla.

—Senador Marco Rubio, 2014

27. ¿Cuál es la idea principal que Rubio intenta trasmitir en esta entrevista?

  A. Deberíamos permitir la inmigración de personas que contribuyan con nuestra economía.

  B. Deberíamos permitir la inmigración si conduce a la reunificación de las familias.

  C. Deberíamos dar prioridad a la inmigración de deportistas talentosos.

  D. Deberíamos alentar la inmigración en la mayor medida posible.

28. ¿De qué manera el cargo de Rubio de senador de Estados Unidos podría afectar sus declaraciones?

  A. No permitirá que la opinión pública influya en él.

  B. Considerará el efecto de sus declaraciones en los votantes.

  C. Se verá influenciado en mayor medida por lo que él considera que los inmigrantes quieren escuchar.

  D. Se asegurará de hablar con la máxima honestidad y objetividad.

Para entender el poder político correctamente, y para deducirlo de lo que fue su origen, hemos de considerar cuál es el estado en que los hombres se hallan por naturaleza. Y es este un estado de perfecta libertad para que cada uno ordene sus acciones y disponga de sus posesiones y personas como juzgue oportuno, dentro de los límites de la ley de la naturaleza, sin pedir permiso ni depender de la voluntad de ningún otro hombre.

—John Locke, *Segundo tratado sobre el gobierno civil*

29. ¿Cuál oración de la Constitución de Estados Unidos demuestra *mejor* la influencia de la filosofía de derechos naturales de Locke?

  A. "No se podrá violar el derecho de una persona a mantener su seguridad personal ni la seguridad de su hogar, sus documentos y sus efectos frente a registros o confiscaciones injustificados".

  B. "Todos los poderes legislativos otorgados en la presente Constitución corresponderán a un Congreso de los Estados Unidos, que se compondrá de un Senado y una Cámara de Representantes".

  C. "El Congreso tendrá facultad... para reglamentar el comercio con las naciones extranjeras, y entre los diferentes estados...".

  D. "Los ciudadanos de cada estado tendrán derecho en los demás a todos los privilegios e inmunidades de los ciudadanos de estos".

Documentos históricos que dieron forma al gobierno estadounidense

Cuando se creó nuestra democracia constitucional estadounidense, los fundadores no estaban creando algo totalmente nuevo, sino que profundizaron las ideas que se habían trasmitido a lo largo de la historia. Conocían muy bien otros documentos, como la Carta Magna, el Pacto de Mayflower y la Declaración de Derechos de Inglaterra. Las nuevas ideas dan origen a documentos que continúan moldeando nuestro gobierno hoy en día.

El Pacto de Mayflower fue firmado por los primeros colonos de la colonia de Plymouth en 1620 mientras se hallaban todavía a bordo de la nave conocida como el *Mayflower*.

Habiendo emprendido... una travesía para plantar la primera colonia al norte de Virginia; los presentes hacemos pacto solemne y mutuamente, en la presencia de Dios y nuestra, y conjuntamente formamos un Cuerpo Político Civil para nuestro orden, preservación y fomento de los fines antedichos; y por virtud de esto establecemos, aprobamos, constituimos y formulamos leyes justas y equitativas, Ordenanzas, Actas, Constituciones y Oficios, de tiempo en tiempo, según sea considerado propio y conveniente para el Bienestar General de la Colonia, a la cual prometemos toda la debida obediencia y sumisión.

—Pacto de Mayflower, 1620

Ejemplo de pregunta

¿Cuál fue el objetivo principal de este documento?

A. garantizar la libertad a todos los colonos para vivir del modo que querían en esta nueva tierra

B. comprometerse a trabajar juntos para formar un gobierno

C. celebrar la finalización de su viaje y el establecimiento de la colonia

D. garantizar que todos los miembros del grupo tuvieran una opinión equitativa en la colonia

Análisis

P: ¿Qué medidas pide el documento a los colonos que adopten?
R: Por ejemplo, se pide "formar un Cuerpo Político Civil" y "establecer, aprobar, constituir y formular... Ordenanzas, Actas, Constituciones y Oficios".

P: ¿Qué pregunta se formula?
R: ¿Cuál fue el motivo por el que se redactó el documento?

P: ¿Qué opción es la respuesta correcta?
R: La opción A es incorrecta. El documento no hace mención de la libertad.

La opción B es correcta. El documento dice que los signatarios aceptan "formar un Cuerpo Político".

La opción C es incorrecta. El documento no usa ninguna palabra para sugerir que hay una celebración.

La opción D es incorrecta. El documento no trata sobre la igualdad.

Práctica guiada

separados pero iguales: doctrina legal que sostenía que las razas se podían separar, siempre y cuando las instalaciones y oportunidades fueran equitativas

segregación: sistema que mantiene la separación entre diferentes razas, clases o grupos étnicos

Pista: ¿A qué conclusión llega la Corte en el último párrafo?

Pista: ¿Cuál es la decisión de la Corte en este caso? ¿De qué forma la Decimocuarta Enmienda respaldaría esa decisión?

Una de las decisiones más significativas e importantes dictadas por la Corte Suprema de Estados Unidos se emitió en 1954, cuando el tribunal dictaminó que era inconstitucional separar a los niños por su raza en las escuelas públicas. Anteriormente, se había resuelto que disponer instalaciones **separadas pero iguales** cumplía con los requisitos constitucionales. El caso *Brown contra Consejo de Educación* cambió la manera en que los estadounidenses conciben la igualdad de derechos.

> *¿Priva la **segregación** de niños en escuelas públicas con base solamente en la raza (aun cuando las instalaciones físicas y otros factores "tangibles" puedan ser igualitarios) a los niños del grupo minoritario de acceder a oportunidades educativas equitativas? Consideramos que sí...*

> *La segregación que cuenta con la aprobación de la ley tiende... a [retrasar] el desarrollo educativo y mental de los niños negros y a privarlos de algunos de los beneficios de los cuales gozarían en un sistema escolar racial[mente] integrado...*

> *Concluimos que, en el ámbito de la educación pública, la doctrina de "separados pero iguales" no es procedente. Las instalaciones educativas separadas constituyen algo intrínsecamente desigual. Por consiguiente, consideramos que los demandantes y otros individuos en similar posición a favor de quienes... se han entablado acciones se encuentran privados de la protección equitativa brindada por las leyes y garantizada por la Decimocuarta Enmienda.*

> —Corte Suprema de Estados Unidos, *Brown contra Consejo de Educación*, 1954

1. ¿Cuál fue el resultado de la decisión de la Corte?

A. Todos los niños, independientemente de su raza, fueron obligados a asistir a la escuela.

B. Los estados pudieron disponer escuelas separadas para niños de diferentes razas.

C. Los niños de todas las razas fueron a la escuela juntos.

D. Los padres tuvieron permitido enviar a sus hijos a las escuelas que ellos quisieran.

2. ¿Qué puede concluir acerca de la Decimocuarta Enmienda con base en este documento?

A. Declara que todos los ciudadanos estadounidenses se deben tratar con igualdad.

B. Permite a los estados brindar educación separada pero equitativa para todos los niños.

C. Garantiza el derecho a todas las personas a la libertad de expresión.

D. Limita los derechos de los estados a determinar cómo educar a los niños.

La época revolucionaria y los inicios de la república

La Guerra de Independencia (1776-1779) fue una rebelión de los colonos estadounidenses en contra de Gran Bretaña. Estos colonos querían tener una mayor incidencia en su gobierno y estaban molestos con las leyes que se les imponían desde el lejano gobierno británico. Si bien la mayoría de los estadounidenses apoyaban la rebelión, no todos tenían la misma opinión. Lea el siguiente pasaje y responda la pregunta.

La Declaración de la Independencia explicaba por qué los colonos estadounidenses se separaron de Gran Bretaña y lucharon por sus derechos, entre ellos, "la vida, la libertad y la búsqueda de la felicidad". Muchos colonos se reunieron para apoyar las ideas expresadas en ese documento. John Adams, uno de los líderes de la Revolución, en una carta a su esposa manifestó: "Estoy sorprendido por... la grandeza de esta Revolución".

Los británicos adoptaron una opinión diferente. El general británico John Burgoyne escribió que el "estado antinatural actual de rebelión" ha conducido al "sistema más profundo de tiranía, [que incluye] encarcelamientos arbitrarios, embargo de bienes, persecución y tortura".

Ejemplo de pregunta

¿De qué manera se diferenciaban las actitudes de Adams y Burgoyne hacia la Guerra de Independencia?

A. Adams consideraba que todos tenían derecho a la vida, la libertad y la felicidad y Burgoyne creía que solo los británicos tenían esos derechos.

B. Adams pensaba que la revolución daría origen a una gran nación y Burgoyne creía que ganaría Gran Bretaña.

C. Adams estaba de acuerdo en usar cualquier medio para ganar la revolución y Burgoyne se oponía al encarcelamiento, la tortura y otros métodos.

D. Adams tenía una visión idealista de las metas de la revolución y Burgoyne tenía una opinión negativa de los métodos para alcanzar esos objetivos.

Análisis

P: ¿Qué pregunta se formula?
R: ¿De qué manera se diferencian las actitudes de Adams y Burgoyne?

P: ¿Qué dice Adams *exactamente*? ¿Qué dice Burgoyne *exactamente*?
R: Adams: "Estoy sorprendido por... la grandeza de esta Revolución". Burgoyne: el "estado antinatural actual de rebelión" ha conducido al "sistema más profundo de tiranía, [que incluye] encarcelamientos arbitrarios, embargo de bienes, persecución y tortura".

P: ¿Cuál es la opción correcta?
R: La opción A es incorrecta. Es posible que los hombres hayan tenido estos ideales, pero el pasaje no lo dice.

La opción B es incorrecta. Es posible que estos hombres hayan sostenido estas opiniones, pero el pasaje no lo menciona. Estudie lo que cada uno dijo exactamente.

La opción C es incorrecta. El pasaje no dice que Adams apoyara cualquier medio para ganar. Sugiere que Burgoyne se oponía a determinadas acciones.

La opción D es correcta. Las actitudes de cada hombre surgen de sus palabras.

Práctica guiada

George Washington fue un presidente muy querido por el pueblo; hubiera ganado fácilmente una reelección para un tercer mandato. Pero Washington decidió retirarse de la función pública. En 1796, escribió un discurso de despedida para el pueblo estadounidense advirtiéndole sobre las prácticas que debía evitar y aconsejándole cómo construir esta nueva nación.

> *La unidad de gobierno que los constituye una nación les es ya preciada. Es justo que así sea, pues es columna principal del edificio de su verdadera independencia, el sostén de su tranquilidad interior, su paz exterior; de su seguridad, de su prosperidad, de esa misma libertad que tanto aman... Es de infinita importancia que estimen bien el valor inmenso de su unión nacional a su felicidad colectiva y particular; que le profesen una adhesión cordial, habitual e inconmovible, acostumbrándose a pensar y hablar de ella como la égida de su seguridad y prosperidad política, velando por su conservación con celoso afán... y contemplando con indignación la primera insinuación de toda tentativa para separar cualquier parte del país de las demás; o para debilitar los lazos sagrados que ahora las unen.*
>
> —Presidente George Washington, discurso de despedida, 1796

Pista: La primera oración presenta la idea principal de Washington. Busque detalles que fundamenten esa afirmación.

1. ¿Por qué Washington cree que la unidad de gobierno es tan importante?
   A. Un país unido no necesita un gran ejército para combatir las rebeliones.
   B. Es el origen de la independencia, la paz y la prosperidad para los estadounidenses.
   C. Existen más probabilidades de que los habitantes de un país grande se pongan de acuerdo acerca de las normas.
   D. Si Estados Unidos se dividiera en pequeños países, rápidamente se iniciaría una guerra entre ellos.

Pista: ¿Cuál era el principal consejo de Washington? ¿Qué acontecimiento indicó que ese consejo fue desoído?

2. ¿Qué acontecimiento posterior en la historia de Estados Unidos demuestra la incapacidad de los estadounidenses de seguir el consejo de Washington?
   A. la Gran Depresión
   B. la Primera Guerra Mundial
   C. la Guerra Civil estadounidense
   D. la expansión hacia el oeste

Pista: Busque pistas del contexto en la oración en que aparece *edificio*.

3. ¿Que significa la palabra *edificio* en la segunda oración?
   A. construcción
   B. unidad
   C. gobierno
   D. individuo

Unidad 2: Historia de Estados Unidos

La Guerra Civil y la reconstrucción

Los primeros esclavos fueron traídos a la colonia de Jamestown en América del Norte en 1619 y la esclavitud se difundió a medida que se fueron estableciendo más colonias. Durante una época, existía la esclavitud en las trece colonias, a pesar de que no fue una práctica demasiado difundida en el Norte. Tras la Guerra de Independencia, la esclavitud dejó de ser una práctica popular en el Norte y fue prohibida. Sin embargo, la economía del Sur comenzó a depender cada vez más de la mano de obra de los esclavos. Lea el siguiente pasaje que describe por qué la esclavitud aumentó en el Sur durante la década de 1790.

> A principios de la década de 1790, la próspera industria textil del Norte necesitaba algodón. Los agricultores del Sur no podían satisfacer la demanda porque recoger las semillas del algodón era una tarea que requería mucho tiempo y la mano de obra esclava necesaria para realizarla era muy costosa. En 1792, Eli Whitney inventó la desmotadora de algodón, una máquina que permitía eliminar de una manera rentable las semillas del algodón. Los agricultores comenzaron a cosechar más algodón y la demanda de esclavos aumentó. Para 1794, el precio de un empleado de granja se había triplicado.

Ejemplo de pregunta

Según el pasaje, ¿qué provocó el crecimiento de la esclavitud en el Sur en la década de 1790?

A. el alto costo de mantener esclavos

B. el aumento de la cosecha algodonera en el Sur

C. la necesidad de limpiar el algodón manualmente

D. la necesidad de trabajadores de las fábricas textiles del Norte

Análisis

P: ¿Por qué los dueños de las plantaciones no podían satisfacer la demanda de algodón?
R: Eliminar las semillas del algodón llevaba mucho tiempo y, por lo tanto, era una tarea costosa.

P: ¿Qué cambio ocurrió para que disminuyera el costo de limpiar el algodón?
R: Se inventó la desmotadora de algodón.

P: ¿Qué pregunta se formula?
R: ¿Por qué aumentó la esclavitud en el Sur en la década de 1790?

P: ¿Cuál es la opción correcta?
R: La opción A es incorrecta porque en la década de 1790 el costo de tener esclavos era alto en comparación con la ganancia que se obtenía del algodón, por lo que el crecimiento de la esclavitud se enlenteció.

La opción B es correcta. La desmotadora de algodón redujo el costo de producción del algodón, por lo que los agricultores del Sur comenzaron a plantar más algodón. Para ello, compraron más esclavos.

La opción C es incorrecta. Antes de la desmotadora de algodón, la difícil tarea de eliminar las semillas manualmente llevaba mucho tiempo y, por lo tanto, era costosa, por lo que los agricultores demoraban más en comprar más esclavos.

La opción D es incorrecta. Los trabajadores de las fábricas textiles provenían de las áreas cercanas a las fábricas; no eran esclavos del Sur.

Práctica guiada

La Guerra Civil terminó en 1865 y se puso fin a la esclavitud. En los años siguientes, Estados Unidos pasó por un período de **reconstrucción** durante el cual los antiguos estados esclavistas se reintegraron al país y se aprobaron enmiendas y leyes para otorgarles a los afroamericanos nuevos derechos. Lea el siguiente pasaje y gráfica donde se examina uno de los efectos de la reconstrucción.

reconstrucción: período que siguió a la Guerra Civil estadounidense durante el cual se reconstruyeron los sistemas políticos, legales y económicos de los antiguos estados confederados para adoptar los cambios provocados por el fin de la esclavitud y preparar a dichos estados para su reincorporación a la Unión

La Decimoquinta Enmienda otorgó a los hombres afroamericanos el derecho al voto. Como resultado, se eligieron a los primeros afroamericanos para ocupar cargos en el Congreso. A pesar de ello, en los años siguientes, los blancos del Sur que se oponían a la enmienda usaron los impuestos al sufragio y otras estrategias para anular eficazmente el derecho al voto de los afroamericanos. Luego de 1901, no se eligió a otro afroamericano para el Congreso hasta 1929.

Afroamericanos electos para el Congreso de Estados Unidos

Pista: El número de miembros del Congreso se muestra en el eje vertical y los años, en la base.

1. ¿En qué año se eligió la mayor cantidad de afroamericanos para el Congreso?
   A. 1875
   B. 1877
   C. 1881
   D. 1891

Pista: ¿Qué habrían hecho los afroamericanos a causa de la enmienda? ¿Cuál habría sido el resultado?

2. Según la información de la gráfica, ¿en qué año se puede deducir que entró en vigencia la Decimoquinta Enmienda?
   A. 1869
   B. 1871
   C. 1901
   D. 1903

Derechos civiles

sufragio:
derecho al voto

Desde el inicio de la democracia estadounidense, hubo personas que reclamaban la igualdad de derechos y el derecho al voto para la mujer. Pero no fue sino hasta 1848 que se celebró la primera convención de derechos de la mujer. A partir de entonces, el movimiento cobró fuerza. El **sufragio** femenino ganó terreno en el oeste primero. Para 1913, nueve estados del oeste permitían a las mujeres votar en las elecciones estatales. Finalmente, en 1920, se le otorgó a la mujer el derecho nacional de votar con la aprobación de la Decimonovena Enmienda. Esta caricatura política se publicó por primera vez en 1917.

Biblioteca del Congreso,
División de Grabados y Fotografías,
cph 3b49099

1. El ámbito de la mujer es ~~el hogar~~ donde haga el bien.
2. El hogar. Las leyes. La industria. La escuela. El teatro. Las empresas. Las artes.
3. REVISADO

Ejemplo de pregunta

¿Por qué la idea expresada en la caricatura se consideraba radical en 1917?

A. Las personas no pensaban que las mujeres debían trabajar fuera del hogar simplemente porque tenían derecho a hacerlo.

B. Pocas personas querían que las mujeres intentaran prosperar en los roles que no les interesaban.

C. La mayoría de las personas esperaban que las mujeres trabajaran en las áreas para las que estaban calificadas.

D. No se esperaba que las mujeres tuvieran otro rol en la sociedad que no fuera atender el hogar y cuidar la familia.

Análisis

P: ¿De qué se trata la caricatura?
R: el tipo de trabajos que deberían hacer las mujeres

P: ¿Qué pregunta se formula?
R: ¿Por qué la idea de la caricatura se consideraba radical en 1917?

P: ¿Cuál es la opción correcta?
R: La opción A es incorrecta. No se alentaba a las mujeres a trabajar fuera del hogar.

La opción B es incorrecta. La cuestión no era si las mujeres debían satisfacer sus intereses, sino si debían tener intereses fuera de la familia y el hogar.

La opción C es incorrecta. La mayoría de las personas esperaban que las mujeres trabajaran en el hogar.

La opción D es correcta. La mayoría de las personas no pensaban que las mujeres debían trabajar fuera del hogar y, por esta razón, tardaron tanto en conseguir la igualdad de derechos.

Práctica guiada

En 1954, en el caso de *Brown contra Consejo de Educación*, la Corte Suprema de Estados Unidos dictaminó que las escuelas segregadas eran algo "intrínsecamente desigual". En septiembre de 1957, nueve estudiantes afroamericanos intentaron asistir a clases en la Escuela Preparatoria Central, en Little Rock, Arkansas. Se produjo una revuelta y el gobernador del estado convocó a la Guardia Nacional de Arkansas para evitar que los estudiantes negros asistieran a clases. El presidente Eisenhower respondió y pidió la intervención del 101.er Batallón Aéreo para asegurar que los niños pudieran ingresar a la escuela. A continuación, sigue un fragmento de un discurso que dió para explicar sus acciones.

> *Bajo el liderazgo de extremistas demagógicos, una multitud evitó deliberadamente que se cumplieran las órdenes de un tribunal federal. Las autoridades locales no han logrado eliminar esta violenta oposición y, en virtud de la ley, ayer emití una proclamación para exhortar a la multitud que se dispersara.*
>
> *Esta mañana, una multitud volvió a reunirse frente a la Escuela Preparatoria Central de Little Rock, claramente con el propósito de volver a evitar que se llevara a cabo la orden del tribunal en relación con la admisión de niños negros en la escuela.*
>
> *Toda vez que las autoridades normales resultan inadecuadas para una tarea y es necesario que la rama ejecutiva del gobierno federal use sus facultades y autoridad para defender a los tribunales federales, la responsabilidad del presidente es ineludible.*
>
> *De conformidad con esa responsabilidad, en el día de hoy he emitido un decreto que ordena el uso de tropas por mandato federal para colaborar en el cumplimiento de la ley federal, en Little Rock, Arkansas... Es importante que todos los ciudadanos entiendan las razones de mi decisión.*
>
> —Presidente Dwight Eisenhower, 1957

Pista: ¿Cuál es la responsabilidad de Eisenhower como presidente, según sus declaraciones?

1. ¿Cuál fue la razón por la que Eisenhower envió tropas federales a Little Rock?

    A. para asegurar que los estudiantes afroamericanos pudieran asistir a la escuela

    B. para detener a la multitud violenta que ponía en peligro la vida de los estudiantes negros

    C. para hacer cumplir una sentencia judicial que exigía se permitiera a los estudiantes negros asistir a la escuela

    D. para evitar que la multitud dañara o destruyera una escuela pública

Pista: ¿Dónde se expresan las facultades y responsabilidades de los tres poderes?

2. ¿Quién le da al presidente la facultad de usar tropas federales en contra de las autoridades estatales?

    A. la Corte Suprema de Estados Unidos

    B. la Constitución de Estados Unidos

    C. el Congreso de Estados Unidos

    D. el Senado de Estados Unidos

Cuando los primeros europeos llegaron a América del Norte, descubrieron que esta tierra ya estaba habitada. Los indígenas norteamericanos habían vivido en el continente durante al menos 12,000 años o quizá más. Los primeros contactos entre ambos grupos fueron algunas veces pacíficos e incluso amigables, pero otros fueron hostiles. Sin embargo, con el paso del tiempo, la relación se volvió más antagónica y las guerras no eran algo inusual. Ese fue el caso de Nueva Inglaterra, donde se produjo un conflicto denominado la *Guerra del rey Felipe* en 1675 y 1676.

Para 1675, la población de indígenas norteamericanos de Nueva Inglaterra había disminuido de aproximadamente 140,000 a apenas 10,000, mientras que la población de los colonos había aumentado a 50,000. Los conflictos esporádicos con los indígenas norteamericanos resultaron ser obstáculos solo temporales para el crecimiento de las colonias, que estaban prosperando y esparciéndose lentamente por el continente.

Como consecuencia de estas desesperadas batallas para resistir, los indígenas habían aprendido algo: no podían aspirar a mantenerse firmes en contra de los europeos a menos que las tribus se unieran. Bajo el mando de Metacomet, un cacique de los wampanoag, fue exactamente lo que hicieron. Metacomet, conocido por los ingleses como el rey Felipe, formó una alianza con muchas de las tribus de Nueva Inglaterra y comenzó a arrasar los pueblos ingleses. La Guerra del rey Felipe fue, sin lugar a dudas, la más horrenda en la historia de Estados Unidos. Doce de 90 pueblos de Nueva Inglaterra quedaron destruidos y el 5 por ciento de la población inglesa de la región fue asesinada. En el otro bando, casi el 40 por ciento de los indígenas fueron asesinados o huyeron. La guerra culminó cuando Metacomet fue asesinado en 1676.

Ejemplo de pregunta

Según este pasaje, ¿por qué cree que los indígenas norteamericanos emprendieron una guerra contra los colonos?

A. Los colonos no aceptaban las leyes de los wampanoag.

B. Los colonos se negaban a comerciar con los indígenas norteamericanos.

C. Los colonos se estaban apropiando de las tierras de los indígenas.

D. Los indígenas norteamericanos no podían entender el idioma de los colonos.

Análisis

P: ¿Qué estaba sucediendo en la región antes de que estallara la Guerra del rey Felipe?
R: La población indígena norteamericana había experimentado una marcada disminución, mientras que las colonias crecían y se expandían.

P: ¿Qué pregunta se formula?
R: ¿Por qué los indígenas norteamericanos iniciaron la guerra?

P: ¿Qué opción es la mejor respuesta?
R: La opción A es incorrecta. No hay ninguna mención a leyes en el pasaje.

La opción B es incorrecta. En el pasaje no se habla sobre la cuestión del comercio entre los colonos y los indígenas.

La opción C es correcta. Las colonias se estaban expandiendo y la población inglesa estaba creciendo. Resulta lógico deducir que estaban invadiendo las tierras de los indígenas norteamericanos.

La opción D es incorrecta. No se menciona el idioma, pero es razonable pensar que encontraron una forma para comunicarse.

Práctica guiada

Los primeros visitantes europeos de América del Norte que se conocen fueron los vikingos, alrededor del año 1000 d. C., pero estos grupos no establecieron asentamientos permanentes. Tras su visita, los europeos no volvieron a reaparecer hasta 1492, cuando Colón llegó a las Indias Occidentales. Incluso entonces, la colonización de América del Norte se produjo lentamente. Aunque el continente fue visitado por numerosos exploradores, el primer asentamiento permanente no se fundó hasta 1565. El siguiente cronograma muestra algunos acontecimientos históricos importantes.

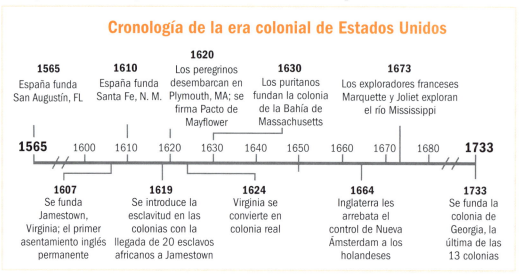

Cronología de la era colonial de Estados Unidos

1565 España funda San Augustín, FL

1610 España funda Santa Fe, N. M.

1620 Los peregrinos desembarcan en Plymouth, MA; se firma Pacto de Mayflower

1630 Los puritanos fundan la colonia de la Bahía de Massachusetts

1673 Los exploradores franceses Marquette y Joliet exploran el río Mississippi

1607 Se funda Jamestown, Virginia; el primer asentamiento inglés permanente

1619 Se introduce la esclavitud en las colonias con la llegada de 20 esclavos africanos a Jamestown

1624 Virginia se convierte en colonia real

1664 Inglaterra les arrebata el control de Nueva Ámsterdam a los holandeses

1733 Se funda la colonia de Georgia, la última de las 13 colonias

Pista: ¿Qué fecha muestra el cronograma más cercana a 1638?

1. La primera imprenta en las colonias comenzó a funcionar en Cambridge, Massachusetts, en 1638. ¿En dónde se ubicaría este acontecimiento en el cronograma?

   A. entre la introducción de la esclavitud y la firma del Pacto de Mayflower

   B. entre la exploración del río Mississippi y la fundación de Georgia

   C. entre la fundación de Jamestown y Santa Fe

   D. entre la fundación de la colonia de la Bahía de Massachusetts y la toma de Nueva Ámsterdam por parte de Inglaterra

Pista: ¿Cuándo se firmó el Pacto de Mayflower?

2. Según el cronograma, ¿qué acontecimiento ocurrió antes de que se firmara el Pacto de Mayflower?

   A. Se fundó la colonia de Georgia.

   B. Comenzó la esclavitud en Jamestown.

   C. Marquette y Joliet exploraron el río Mississippi.

   D. Virginia se transformó en colonia real.

Unidad 2: Historia de Estados Unidos

Primera y Segunda Guerra Mundial

Durante la Primera Guerra Mundial, el uso de pósteres era una práctica difundida en todos los países que intervinieron en el conflicto. Era una herramienta poderosa para informar al público acerca de la guerra y persuadir a la gente para enlistarse en las fuerzas armadas, comprar bonos de guerra o contribuir de otra manera al conflicto bélico.

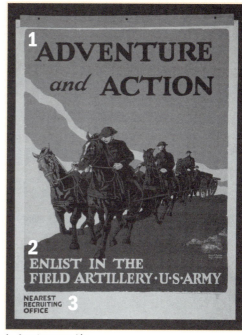

Biblioteca del Congreso,
División de Grabados y Fotografías,
cph 3g07577

1. Aventura y acción.
2. Enlístese en la artillería.
3. Ejército de Estados Unidos.
   Oficina de reclutamiento más cercana.

Ejemplo de pregunta

¿Qué oración describe *mejor* de qué manera el póster intenta atraer a los jóvenes?

A. Apela al sentido de patriotismo.

B. Hace parecer que la guerra es algo emocionante.

C. Juega con el miedo de una invasión alemana.

D. Apela al deseo de proteger sus propias familias.

Análisis

P: ¿Qué dice el título?
R: Aventura y acción

P: ¿Qué pregunta se formula?
R: ¿De qué manera el póster intenta atraer a los jóvenes?

P: ¿Qué opción es la *mejor* respuesta?
R: La opción A es incorrecta. Un llamado al patriotismo era común en los pósteres de reclutamiento, pero no es el tema principal en este ejemplo.

La opción B es correcta. El título y la imagen de hombres uniformados cabalgando en poderosos caballos hacia la batalla representan una imagen emocionante de la guerra.

La opción C es incorrecta. El miedo a una invasión alemana en ocasiones se usaba en los pósteres de guerra, pero en este ejemplo no está presente.

La opción D es incorrecta. Los pósteres solían evocar el instinto que las personas tienen de proteger a sus familias, pero no está presente en este ejemplo.

Práctica guiada

La Segunda Guerra Mundial comenzó en Europa en 1938 y, si bien Estados Unidos tenía una clara simpatía por los Aliados, se resistía a involucrarse. Eso cambió en diciembre de 1941 cuando Japón, un país aliado de Alemania, atacó Estados Unidos en Pearl Harbor. Estados Unidos simultáneamente les declaró la guerra a Japón y Alemania. Alemania se rindió cuatro años más tarde, el 8 de mayo de 1945, y Japón, el 2 de septiembre de 1945. Muchas personas experimentaron los horrores de la guerra y el conflicto bélico incluso tuvo repercusiones internas. Lea el siguiente pasaje que describe la reubicación de estadounidenses de origen japonés.

Japón efectuó un ataque sorpresa a Estados Unidos en Pearl Harbor, el 7 de diciembre de 1941. Con ese golpe, los estadounidenses —en especial, los que vivían en la costa oeste— se sintieron vulnerables por un posible ataque de las fuerzas navales japonesas. En febrero de 1942, el presidente Franklin Roosevelt emitió el decreto 9066, que permitía al ejército estadounidense reubicar a todas las personas de ascendencia japonesa en áreas alejadas de la costa oeste. Dos tercios de los 117,000 estadounidenses de origen japonés concentrados eran ciudadanos nacidos en Estados Unidos. Debieron pasar los siguientes cuatro años en campos de reubicación y fueron liberados recién cuando la guerra se acercaba a su fin.

Se decía que la finalidad de la reubicación era evitar el espionaje y proteger a los estadounidenses de origen japonés de sufrir daños a manos de estadounidenses antijaponeses. Pero, como dijo uno de los reclusos japoneses: "Si nos alojaron allí por nuestra protección, ¿por qué las armas de las torres de vigilancia apuntaban hacia adentro, en vez de hacia afuera?".

Pista: Busque las relaciones de causa y efecto. Recuerde: solo porque un acontecimiento haya ocurrido antes que otro no significa que fue la causa de que sucediera.

1. ¿Cuál fue la causa inmediata de la creación de campos de reubicación de estadounidenses de origen japonés?

   A. el espionaje cometido por los estadounidenses de origen japonés

   B. la llegada de inmigrantes japoneses a Estados Unidos

   C. el ataque de Japón en Pearl Harbor

   D. la declaración de guerra de Estados Unidos a Japón y Alemania

Pista: ¿Cuál se decía que era el propósito de los campos de reubicación? ¿Qué decía realmente el recluso citado acerca de ese propósito?

2. ¿Con qué afirmación el recluso japonés citado en las últimas líneas *probablemente* estaría de acuerdo?

   Los japoneses quedaron recluidos en campos de reubicación porque el presidente pensaba que...

   A. serían atacados por algunos estadounidenses blancos.

   B. los estadounidenses de origen japonés ayudarían a Japón en la guerra contra Estados Unidos.

   C. los estadounidenses de origen japonés no eran ciudadanos legales de Estados Unidos.

   D. los estadounidenses de origen japonés no querían enlistarse en el ejército estadounidense ni combatir en la guerra.

La Guerra Fría

Guerra Fría: intensa rivalidad entre Estados Unidos y sus aliados y la Unión Soviética y sus aliados por medios que no llegaban a acciones militares sostenidas

Al culminar la Segunda Guerra Mundial, Estados Unidos y la Unión Soviética quedaron como aliados, pero rápidamente se convirtieron en rivales durante la **Guerra Fría.** Por momentos, ambos países estuvieron a punto de iniciar un conflicto armado, como sucedió durante la crisis de los misiles de Cuba. Uno de los primeros enfrentamientos ocurrió en 1948, cuando los soviéticos bloquearon las rutas terrestres a Berlín, Alemania, una ciudad que había quedado dividida en áreas administrativas por los aliados tras la Segunda Guerra Mundial. Estados Unidos y Gran Bretaña organizaron una campaña aérea masiva para proveer a la ciudad de los tan necesarios suministros. El bloqueo soviético fue difícil para Berlín, pero cuando los aliados occidentales respondieron con un bloqueo a Alemania del Este, el bloque comunista también se vio perjudicado. Lea este memorando del director de la CIA al presidente Truman.

Se recibió información acerca de una reunión... entre oficiales rusos, liderados por Marshal Sokolovsky, y miembros alemanes del Comité Industrial de Alemania. Sokolovsky inició la reunión preguntándoles a los industriales alemanes qué influencia se ejercería en la zona este de Alemania a raíz de los bloqueos de la zona occidental.

Un representante alemán manifestó que quedar aislados del oeste significaba una detención total de la producción de las refinerías de azúcar por la falta de los 50,000 metros de cañerías de acero instaladas en la zona oeste... y una cierta discontinuidad de la flota pesquera del mar Báltico en un intervalo corto de tiempo debido a la falta de piezas de maquinaria... El miembro alemán luego declaró que las industrias pesadas, en particular, las fábricas de acero... no podían producir sin el oeste y que otras industrias pesadas en la zona este se verían igualmente afectadas. Los rusos mostraron una gran sorpresa y el general ruso... dijo: "No teníamos idea de esta situación... Si lo hubiéramos sabido, no habríamos ido tan lejos".

—R. H. Hillenkoetter, director de Inteligencia Central, 30 de junio de 1948

Ejemplo de pregunta

Según el memorando, ¿qué fue lo que sorprendió a los líderes soviéticos?

A. que los aliados podían mantener los suministros de la ciudad usando aeronaves solamente

B. que el posterior bloqueo de los Aliados a Alemania del Este causara tanto daño

C. que el bloqueo de Alemania del Este no había sido más eficaz

D. que los aliados del oeste se comprometieran a una campaña aérea tan prolongada y costosa

Análisis

P: ¿Qué dice el representante alemán que le sucedería a Alemania del Este?
R: Las refinerías de azúcar y otras industrias se cerrarían próximamente debido a la escasez de recursos provenientes del oeste.

P: ¿Qué pregunta se formula?
R: ¿Qué sorprendió a los soviéticos acerca del bloqueo de Berlín?

P: ¿Cuál es la respuesta correcta?
R: La opción A es incorrecta. Es posible que sea verdadera, pero no se menciona en el memorando.

La opción B es correcta. Los líderes soviéticos no se dieron cuenta de que Alemania del Este dependía tanto de los recursos provenientes del oeste.

La opción C es incorrecta. El bloqueo estaba provocando el cierre de industrias en Alemania del Este.

La opción D es incorrecta. Es posible que sea verdadero, pero no se menciona en el memorando.

Práctica guiada

La Guerra de Vietnam surgió a raíz de la lucha de Vietnam de liberarse del dominio colonial de Francia. La lucha quedó en suspenso cuando Japón tomó el control del país durante la Segunda Guerra Mundial. Sin embargo, al finalizar ese conflicto, las fuerzas nacionalistas comunistas de Vietnam retomaron su lucha hasta que lograron la expulsión de los franceses en 1954. Pero el país estaba dividido: las fuerzas democráticas del sur se oponían a las fuerzas comunistas de Vietnam del Norte. Estados Unidos temía que el control comunista se propagara a otros países del sureste asiático y decidió intervenir en el conflicto. Al principio, la presencia estadounidense estaba limitada a asesores que apoyaban a las fuerzas democráticas de Vietnam del Sur. Para inicios de la década de 1960, un número considerable de fuerzas estadounidenses asumieron gran parte del combate. En su máximo apogeo, más de medio millón de estadounidenses participaron en la guerra. El conflicto finalmente terminó con la retirada de las últimas tropas estadounidenses en abril de 1975.

Tropas de Estados Unidos en Vietnam, 1962-1972

Fuente: Departamento de Defensa de Estados Unidos

Pista: Encuentre el año en la línea inferior de la gráfica.

1. ¿Cuántas tropas estadounidenses había en Vietnam en 1966?
   A. 11,300
   B. 24,200
   C. 334,600
   D. 385,300

Pista: ¿Cómo se compara el nivel de tropas antes de la elección de Nixon en 1968 con el nivel de tropas después de su elección?

2. Cuando Richard Nixon asumió la presidencia en 1969, prometió transferir toda la responsabilidad militar de la guerra a Vietnam del Sur. ¿Cómo respalda la gráfica la conclusión de que Nixon cumplió su promesa?
   A. Muestra que el nivel de tropas estadounidenses aumentó entre 1962 y 1968.
   B. Muestra que en 1968 había 586,100 tropas estadounidenses en Vietnam.
   C. Muestra que entre 1970 y 1972 más de 300,000 tropas estadounidenses abandonaron Vietnam.
   D. Muestra que el nivel de tropas era prácticamente el mismo en 1966 y en 1970.

Unidad 2: Historia de Estados Unidos

Política exterior estadounidense después del 11 de septiembre

Durante los inicios de la primera década de 2000, Estados Unidos intervino en guerras con Irak y Afganistán, además de participar en una guerra contra el terrorismo con un alcance mayor. Como el país estaba demasiado ocupado con estos acontecimientos, descuidó el rápido crecimiento de la economía asiática. Eso cambió en 2013, cuando Estados Unidos hizo un "giro a Asia". Lea el siguiente pasaje que describe los acontecimientos en el este de Asia que contribuyeron a este giro.

> Durante la primera década del siglo XXI, Asia comenzó a convertirse en una potencia económica. China, en especial, estuvo creciendo a un ritmo de más de 10 por ciento al año durante la mayor parte del período y mostraba señales de expandir su influencia a otras partes del continente. Se estaba poniendo más agresiva con Japón en una disputa por las islas Senkaku o Diaoyutai. Impuso una zona de defensa aérea ampliada a una gran parte del mar del Sur de China, una región que también reivindicaban Filipinas, Brunei, Vietnam, Malasia y Taiwán. "Existe la creciente preocupación de que este patrón de conducta en el mar del Sur de China sea una señal de que China intenta ganar el control del mar... a pesar de las objeciones de sus vecinos", afirma Daniel Russell, subsecretario de estado.

Ejemplo de pregunta

Por primera vez en casi 20 años, Filipinas le permitió a Estados Unidos posicionar sus fuerzas militares en el país. ¿Por qué Filipinas habría de cambiar su política?

A. Filipinas es un protectorado estadounidense y no puede prohibir la presencia de Estados Unidos.

B. Filipinas necesita a Estados Unidos para contrarrestar el poder de China.

C. Estados Unidos es una superpotencia y no necesita permiso para posicionar tropas en ningún país.

D. Las bases militares estadounidenses ofrecen valiosos beneficios económicos a los países anfitriones.

Análisis

P: ¿Qué acontecimientos ocurrieron en relación con China y Filipinas?
R: China está expandiendo la superficie reclamada del mar del Sur de China, un área que también Filipinas reivindicaba.

P: ¿Qué pregunta se formula?
R: ¿Por qué Filipinas le permitiría a Estados Unidos posicionar sus fuerzas militares en el país?

P: ¿Cuál es la opción correcta?
R: La opción A es incorrecta. Filipinas no es un protectorado de Estados Unidos. No hay ninguna referencia en el pasaje que sugiera la existencia de esta relación.

La opción B es correcta. Filipinas tiene una contienda con China, un país mucho más grande y poderoso. Estados Unidos es lo suficientemente potente para proteger a Filipinas.

La opción C es incorrecta. El pasaje no sugiere que Estados Unidos esté ingresando por la fuerza a Filipinas.

La opción D es incorrecta. Es posible que existan beneficios económicos, pero no está implícito como un motivo en el pasaje. El pasaje trata sobre la hostilidad de China.

Política exterior estadounidense después del 11 de septiembre

Práctica guiada

El 11 de septiembre de 2011, terroristas de Al Qaeda secuestraron cuatro aviones comerciales. Dos de los aviones se estrellaron en el World Trade Center de Nueva York y otro fue conducido al Pentágono, en Washington, DC. El cuarto avión se estrelló en un campo de Pensilvania cuando los pasajeros intentaban defenderse de los secuestradores. En total murieron unas 3,000 personas. Los atentados marcaron un cambio en la política exterior de Estados Unidos. En el siguiente fragmento de su discurso ante las Naciones Unidas, el presidente George W. Bush describió cómo se planificaría la política exterior estadounidense en el futuro.

> *Estados Unidos de América no olvidará el 11 de septiembre...*
>
> *Mis conciudadanos recordarán a quienes han atentado contra nosotros. Estamos conociendo sus nombres y sus rostros. No existe rincón en la Tierra lo suficientemente lejano u oscuro que los proteja. Sin importar cuánto se tarde, les llegará la hora de la justicia...*
>
> *Hay una coalición internacional que cada vez suma más miembros dispuesta a responder ante las conspiraciones terroristas. No todos los países intervendrán en todas las acciones contra el enemigo. Pero cada país de esta coalición tiene sus deberes. Estos deberes pueden ser exigentes, como nos estamos dando cuenta aquí en Estados Unidos. Ya hemos realizado algunos ajustes en nuestras leyes y en nuestras vidas cotidianas. Estamos adoptando nuevas medidas para investigar los actos de terrorismo y protegernos de las amenazas.*

—Presidente George W. Bush, discurso ante la Asamblea General de las Naciones Unidas, 10 de noviembre de 2001

Pista: ¿Cuál sería el elemento más necesario para luchar contra una organización que actúa en secreto?

1. ¿Qué medida habría caracterizado la respuesta de Estados Unidos ante el ataque terrorista?

    A. Intensificó las actividades de recopilación de inteligencia.

    B. Aumentó el tamaño del arsenal nuclear.

    C. Incrementó y mejoró las fuerzas navales armadas.

    D. Se hicieron esfuerzos para minimizar las amenazas terroristas .

Pista: ¿Dónde se hallaría a los terroristas?

2. ¿Por qué Bush querría una coalición internacional más grande?

    A. Bush creía que muchos países se unirían para defenderse contra los terroristas.

    B. A Estados Unidos le faltaba el poderío militar para completar la misión por sí solo.

    C. Era necesaria una coalición para rastrear a los terroristas que se ocultaban en muchos países.

    D. El terrorismo afectaba principalmente a otros países y Bush quería que contribuyeran.

Unidad 2: Historia de Estados Unidos

Lección 9 · Punto de vista del autor

En ocasiones, el punto de vista del autor tiene un *prejuicio*. El **prejuicio** tiene una connotación negativa, ya que sugiere una visión sobre un tema que no es objetiva.

Los textos informativos no siempre son objetivos. El punto de vista del autor suele estar presente en su relato y constituye su opinión sobre un tema. Lea esta publicación del blog de Beth Dunford, coordinadora adjunta de desarrollo de *Feed the Future*, la iniciativa del gobierno estadounidense que busca abordar el hambre y la seguridad alimentaria en el ámbito mundial.

Avances en la lucha mundial para combatir el hambre

Este plan para combatir el hambre está funcionando.

Agricultores, como Ram Prasad Chaudhary en Nepal, están liberándose de los ciclos recurrentes de pobreza y hambre. Con la ayuda de *Feed the Future*, triplicó sus ingresos el año pasado y ahora puede costear los alimentos para su familia y la educación de sus hijos. Este programa de *Feed the Future* ha ayudado a unos 52,000 agricultores como él, con resultados similares. Y esto es solo un ejemplo de lo que pasa en Nepal. En los 19 países en los que trabaja *Feed the Future*, hemos marcado una diferencia en la vida de 19 millones de familias rurales el año pasado. Lo más emocionante es que sus historias están incrementando el impacto.

A pesar de que hemos demostrado que el progreso es posible, todavía tenemos camino por recorrer. Lea los titulares de las noticias y verá lo devastador que es el ciclo del hambre y la pobreza para la estabilidad y seguridad mundiales. Podemos romper este ciclo. Tenemos un enfoque que funciona, hemos movilizado miles de millones en recursos públicos y privados para sustentarlo, y el impulso es tan sólido que nos permite continuar este enfoque sobre la seguridad alimentaria duante los años venideros.

Ejemplo de pregunta

Según Dunfo, ¿cómo se caracterizan los esfuerzos de Estados Unidos en la lucha contra el hambre mundial?

A. Cree que el hambre mundial es un fenómeno devastador.

B. Cree que no se ha hecho lo suficiente para combatir el hambre mundial.

C. Cree que Estados Unidos necesita buscar un nuevo enfoque para combatir el hambre mundial en los años venideros.

D. Tiene una visión optimista de que Estados Unidos está logrando un avance para poner fin al hambre mundial.

Análisis

P: ¿Cuál es la idea central del artículo?
R: Estados Unidos ha logrado avances para combatir el hambre mundial.

P: ¿Qué detalles que respaldan la idea central ayudan a explicar el punto de vista del autor?
R: *Feed the Future* ayudó a 52,000 agricultores en Nepal; ayudó a 19 millones de familias en 19 países el año pasado; el programa tiene recursos e impulso.

P: ¿Cuál es el punto de vista de la autora?
R: La opción A es incorrecta. A pesar de que la autora lo considera un fenómeno devastador, el artículo tiene un tono más optimista.

La opción B es incorrecta. La autora se concentra en el avance que se está logrando.

La opción C es incorrecta. La autora apoya el enfoque actual y considera que está tomando impulso.

La opción D es correcta. La autora tiene una visión positiva y optimista de que Estados Unidos está logrando un avance para combatir el hambre mundial.

Práctica guiada   En el discurso de comienzo de clases en la Universidad de Michigan el 22 de mayo de 1964, el presidente Lyndon B. Johnson habló sobre sus planes de construir una "gran sociedad".

> *Muchos de ustedes vivirán para ver el día en que, quizá dentro de unos 50 años, haya 400 millones de habitantes en Estados Unidos y cuatro quintos de ellos vivan en las áreas urbanas. En lo que queda del siglo, la población urbana se duplicará, la superficie de las ciudades se duplicará y tendremos que construir hogares, autopistas e instalaciones similares a las que se construyeron cuando se fundó este país. En los próximos 40 años, debemos reconstruir las áreas urbanas de Estados Unidos en su totalidad.*

> *Aristóteles dijo: "Los hombres se reúnen en las ciudades para vivir, pero permanecen juntos para gozar de la buena vida". Cada vez es más difícil vivir la buena vida en las ciudades estadounidenses de hoy en día. La lista de obstáculos es larga. Tenemos el deterioro de los centros y el abandono de los suburbios. No hay suficientes viviendas para nuestros habitantes ni transporte para nuestro desplazamiento. El campo abierto está desapareciendo y los antiguos lugares históricos están siendo violentados. Lo peor de todo es que la expansión está erosionando aquellos valores tan preciados y honrados de vida comunitaria y de comunión con la naturaleza. La pérdida de estos valores genera soledad, aburrimiento e indiferencia.*

> *Nuestra sociedad jamás será grandiosa hasta que nuestras ciudades sean grandiosas. Hoy en día, la frontera de la imaginación y la innovación está dentro de esas ciudades, no fuera de sus fronteras. Ya se están realizando nuevos experimentos. Será tarea de su generación convertir a la ciudad estadounidense en el lugar donde las generaciones futuras vendrán, no solo a vivir, sino a gozar de la buena vida.*

Pista: Separe la descripción de Johnson de Estados Unidos en la década de 1960 y la forma que describe su sueño de una gran sociedad.

1. ¿Cuál es la opinión del presidente Johnson sobre las ciudades estadounidenses en la década de 1960?
   A. Las ciudades son lugares abarrotados y deteriorados.
   B. Las ciudades están llenas de vecinos y naturaleza.
   C. Las ciudades están llenas de imaginación e innovación.
   D. Las ciudades son el lugar donde las generaciones "gozan de la buena vida".

Pista: ¿Qué les dice Johnson a los graduados acerca de su futuro?

2. ¿Cuál es la opinión de Johnson sobre los graduados a los que se está dirigiendo?
   A. No podrán vivir en ciudades.
   B. Son parte de una gran sociedad.
   C. Les corresponde la tarea de reconstruir las ciudades estadounidenses.
   D. Son parte de un experimento.

Escoja la mejor respuesta para cada pregunta.

Las preguntas 1 y 2 se refieren al siguiente pasaje.

En Sudáfrica, a principios del siglo XX, se impusieron diversas restricciones legales sobre las personas que se habían mudado allí desde India. Por ejemplo, no podían viajar libremente por el país ni comprar bienes. Con el liderazgo de Mohandas Gandhi, los indios usaron tácticas de desobediencia civil para presionar al gobierno sudafricano a cambiar: organizaron protestas ilegales, pero pacíficas, e ingresaron a áreas prohibidas. Mediante estas tácticas no violentas, Gandhi forzó a Sudáfrica a suavizar algunas de estas restricciones sobre los indios.

1. ¿Qué táctica se podría usar en una campaña de desobediencia civil en Estados Unidos?

   A. rehusarse a pagar impuestos

   B. provocar disturbios y destruir bienes

   C. votar por un determinado candidato

   D. escribir un blog detallando los actos de discriminación

2. ¿Cuál de los siguientes es el *más* similar a la campaña de Gandhi en Sudáfrica?

   A. la Revolución Estadounidense

   B. la Guerra Civil de Estados Unidos

   C. la participación de Estados Unidos en las Naciones Unidas

   D. el movimiento por los derechos civiles en Estados Unidos

3. En el Tratado de Versalles que puso fin a la Primera Guerra Mundial, los Aliados culparon a Alemania por "todas las pérdidas y daños... como consecuencia de la guerra". Como resultado, Alemania fue obligada a pagar las reparaciones punitivas a los aliados.

   ¿Cuál fue probablemente un resultado de estos términos?

   A. inclusión de Alemania en la Liga de Naciones

   B. resentimiento en Alemania a causa del tratamiento severo

   C. un equilibrio de poder entre Alemania y los Aliados

   D. prosperidad económica en Europa

Las preguntas 4 y 5 se refieren a la siguiente información.

Tras la Segunda Guerra Mundial, Estados Unidos patrocinó un programa para ayudar a revitalizar las economías de los países europeos que habían quedado devastadas por la guerra. La iniciativa, denominada Plan Marshall, ayudó a acelerar la recuperación de estos países y redujo el riesgo de que se convirtieran al comunismo. Estudie la siguiente gráfica donde se muestra cuánta ayuda recibieron algunos de estos países con el Plan Marshall.

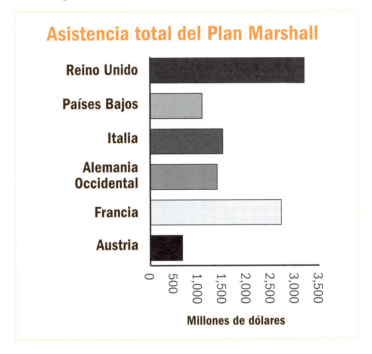

Asistencia total del Plan Marshall

(Millones de dólares)

4. ¿Cuánta ayuda recibió aproximadamente el Reino Unido?

   A. $320,000

   B. $3,200,000

   C. $32,000,000

   D. $3,200,000,000

5. ¿Qué generalización está sustentada por los datos de la gráfica?

   A. El Plan Marshall ofreció ayuda únicamente a los aliados de Estados Unidos.

   B. Estados Unidos prestó la mayor cantidad de ayuda a los países que más la necesitaban.

   C. Estados Unidos ofreció ayuda a los países, independientemente del bando al que habían pertenecido.

   D. El Plan Marshall ofreció la misma cantidad de ayuda a todos los países.

Las preguntas 6 a 8 se refieren al siguiente discurso.

Compañeros ciudadanos, perdónenme, permítanme preguntar: ¿por qué se me pide hablar aquí hoy? ¿Qué relación tengo yo, o aquellos a quienes represento, con su independencia nacional? ¿Se nos ofrecen los grandes principios de libertad política y justicia natural, plasmados en la Declaración de la Independencia? ...

¿Qué significa, para el esclavo estadounidense, el 4 de julio? Respondo: un día que le pone de manifiesto, más que cualquier otro día del año, la enorme injusticia y crueldad de la que es víctima constante. Para él, su celebración es una farsa; su ostentación de libertad, un permiso impío; su grandeza nacional, la vanidad henchida; sus sonidos de regocijo son vacíos y sin corazón; su denuncia de los tiranos, descarada impudencia; su grito de libertad e igualdad, una burla vacía... No existe nación en la Tierra que sea culpable de prácticas más estremecedoras y sangrientas que el pueblo de Estados Unidos, en este preciso momento.

—Frederick Douglass, 5 de julio de 1852

6. Según este discurso, ¿qué conclusión puede sacar sobre quién es Douglass?

   A. un granjero blanco

   B. un propietario de esclavos

   C. un político

   D. un exesclavo

7. ¿Cuál es la finalidad de Douglass al dar este discurso?

   A. influir en sus oyentes para que contribuyan con su campaña electoral

   B. unirse para celebrar el Día de la Independencia

   C. convencer a sus oyentes sobre las injusticias de la esclavitud

   D. defender el derecho de los estados del Sur de tener esclavos

8. ¿De qué manera los acontecimientos en la época en que fue dado el discurso dieron forma al punto de vista de Douglass?

   A. La esclavitud era una situación que afectaba a las personas en el momento en que dio el discurso.

   B. El presidente Lincoln había emitido la Proclamación de Emancipación que liberaba a algunos esclavos.

   C. La Guerra Civil, que había cobrado más de 600,000 vidas, había apenas finalizado.

   D. Estados Unidos estaba celebrando el 100.º aniversario de la independencia.

Cuando los colonos llegaron a la región sureste de Estados Unidos a principios del siglo XIX, la región ya estaba ocupada por las tribus choctaw, cherokee, creek, chickasaw y seminole. Los colonos exigieron su expulsión. En respuesta, los indígenas optaron principalmente por estrategias no violentas. Adoptaron las prácticas angloamericanas, como fundar escuelas y practicar métodos de agricultura occidental. Firmaron tratados para transferir grandes porciones de tierra en un intento por apaciguar a sus vecinos. Nada parecía funcionar y, en 1830, el Congreso aprobó la Ley de traslado forzoso de los indígenas que autorizaba a trasladar todos los indígenas que estaban al este del río Mississippi hacia tierras indígenas designadas en el oeste.

9. ¿Qué suposición hicieron los colonos que los motivó a solicitar el traslado forzoso de los indígenas?

   A. Los indígenas estaban en una guerra constante con los colonos.

   B. Los derechos de los colonos sobre la tierra prevalecían sobre los de los indígenas.

   C. Los indígenas eran pobres e incivilizados.

   D. Los indígenas se rehusaban a compartir la tierra con los colonos.

10. ¿Qué son los choctaw?

   A. una tribu de indígenas norteamericanos

   B. el título usado por los jefes de los indígenas norteamericanos

   C. el gobernador de los colonos en el sureste

   D. el nombre dado a los colonos europeos en la región

Las preguntas 11 y 12 se refieren a la siguiente información.

En 1215, bajo la presión de los barones ingleses rebeldes, el rey Juan aceptó la Carta Magna, un documento que los barones querían para proteger sus propios derechos y privilegios bajo el monarca. Aunque no fue creada para proteger al individuo común, la Carta Magna tuvo una influencia duradera en las democracias posteriores. Su influencia se puede observar en la Constitución de Estados Unidos.

Ningún hombre libre será arrestado, o detenido en prisión..., o declarado fuera de la ley, o desterrado o molestado de cualquier forma; y no procederemos contra él ni enviaremos a nadie en su contra, si no es por el juicio legal de sus pares y por la ley del país.

A nadie venderemos, a nadie negaremos o retrasaremos la administración del derecho o la justicia.

—Carta Magna, 1215

11. ¿Qué oración de la Declaración de Derechos de Estados Unidos muestra la influencia directa de la Carta Magna en la Constitución estadounidense?

    A. "No se violará el derecho del pueblo a poseer y portar armas".

    B. "No se podrá violar el derecho de una persona... frente a registros injustificados...".

    C. "Ninguna persona perderá la vida, la libertad y la propiedad sin el debido proceso de la ley".

    D. "El Congreso no emitirá ley alguna con la finalidad de... limitar la libertad de expresión".

12. ¿Por qué los fundadores de la democracia estadounidense habrían sido influenciados por la Carta Magna, un documento que tenía más de 550 años de antigüedad cuando se formó el gobierno de Estados Unidos?

    A. Seguían siendo ciudadanos leales a la monarquía británica.

    B. Creían que el parlamento inglés reconocería a su gobierno.

    C. Querían proteger sus propios derechos en contra del rey.

    D. Querían proteger sus propios derechos al amparo de un presidente estadounidense.

En 1917 se produjeron dos grandes revoluciones en Rusia. En marzo, una revolución derrocó al gobierno imperial encabezado por el zar Nicolás II. El nuevo gobierno firmó la paz con Alemania y se retiró de la Primera Guerra Mundial, lo que permitió a Alemania dedicar todas sus fuerzas a la guerra en Europa Occidental. La segunda revolución se produjo en octubre, cuando los bolcheviques, al mando de Vladimir Lenin, se apoderaron del gobierno. Este segundo acontecimiento marcó el comienzo de la Unión Soviética y el crecimiento del comunismo, que avanzó a muchas partes del mundo en las décadas sucesivas.

13. ¿De qué manera la Revolución Bolchevique de 1917 afectó a Estados Unidos en la década de 1940?

    A. Transformó a Estados Unidos y Rusia en aliados en la lucha contra el comunismo.

    B. Provocó la Guerra Fría entre Estados Unidos y la Unión Soviética.

    C. Obligó a Estados Unidos a intervenir en la Segunda Guerra Mundial.

    D. Hizo que Estados Unidos creara la bomba atómica.

Cuando Colón desembarcó en el Nuevo Mundo en 1492, se desencadenó una enorme secuencia de efectos alrededor del mundo. Cambió la alimentación de los pueblos de Europa, Asia, África y el continente americano. Dispersó enfermedades que tuvieron consecuencias catastróficas para los indígenas norteamericanos y un efecto significativo en los europeos. Se inició el tráfico de esclavos al continente americano, lo que condujo a generaciones de esclavitud, la Guerra Civil y el movimiento por los derechos civiles, entre otras repercusiones.

14. ¿Cuál sería el *mejor* título para este pasaje?

    A. Cómo cambió Colón a Estados Unidos

    B. Cómo cambió Europa a Estados Unidos

    C. Cómo cambió Colón al mundo

    D. Cómo cambió Estados Unidos al mundo

Las preguntas 15 y 16 se refieren al siguiente mapa.

Territorios de los Aliados y el Eje, 6 de junio de 1944

- Áreas de los Aliados
- Países neutrales
- Áreas ocupadas por los alemanes

15. ¿Qué país fue ocupado por los Aliados?

A. Austria

B. Francia

C. URSS

D. España

16. ¿Qué país no se involucró en la guerra?

A. Suiza

B. Gran Bretaña

C. Italia

D. Rumania

Las preguntas 17 y 18 se refieren al siguiente pasaje.

Tras los ataques terroristas del 11 de septiembre, la Agencia Nacional de Seguridad (NSA) creó un programa de recopilación de datos para defenderse de las actividades terroristas. Se recopilaron y almacenaron llamadas telefónicas, correos electrónicos y otra información personal. Los estadounidenses desconocían, en gran medida, el alcance de la vigilancia. Esto cambió en 2013 cuando Edward Snowden comenzó a divulgar documentos confidenciales que había robado de los archivos informáticos de la NSA. Muchos proclamaron a Snowden como un héroe; otros lo acusaron de traidor. El gobierno lo acusó de espionaje. Se defendió diciendo que consideraba que los estadounidenses debían saber qué estaba haciendo su gobierno. Afirmó que: "Incluso si usted no está haciendo nada malo, está siendo vigilado y grabado".

17. ¿Cuál de las siguientes es una opinión y no un hecho?

A. Edward Snowden es un patriota.

B. La NSA creó un programa de recopilación de datos.

C. Snowden divulgó documentos confidenciales que había robado a la NSA.

D. El gobierno acusó a Snowden de espionaje.

18. En la cita final, ¿qué está demostrando Snowden que valora?

A. la libertad de expresión

B. la seguridad

C. la privacidad

D. la independencia

En 1961, la Unión Soviética construyó un muro para separar las áreas dominadas por los comunistas de Berlín, Alemania, de las áreas controladas por la alianza occidental. Dos años más tarde, el presidente Kennedy se dirigió a una multitud frente al muro. Concluyó:

Todos los hombres libres, dondequiera que vivan, son ciudadanos de Berlín. Y, por lo tanto, como hombre libre, yo con orgullo digo estas palabras "Ich bin ein Berliner" [Yo soy un berlinés].

—Presidente John F. Kennedy, 1962

19. ¿Qué desea trasmitir Kennedy al público cuando dice la frase "yo soy un berlinés"?

A. Espera que continúen sus esfuerzos por liberarse de los soviéticos.

B. Se lamenta de cómo el muro ha dividido a la ciudad.

C. Apoya a los habitantes de Berlín en su enfrentamiento con los soviéticos.

D. No se olvidará de ellos en su lucha contra los soviéticos.

Las preguntas 20 y 21 se refieren al siguiente cronograma.

Cronología de la guerra de 1812

12 de julio de 1812
Estados Unidos invade Canadá

24-25 de agosto de 1814
Los británicos incendian Washington, DC

24 de diciembre de 1814
Estados Unidos y Gran Bretaña firman el Tratado de Gante en Bélgica que pone fin a la guerra

1812   1813   1814   1815

27 de abril de 1813
Estados Unidos incendia la actual ciudad de Toronto

13 de septiembre de 1814
Los británicos bombardean Fort McHenry

8 de enero de 1815
Andrew Jackson derrota a los británicos en la batalla de Nueva Orleans

20. ¿Qué acontecimiento ocurrió primero?

   A. el incendio de Washington, DC

   B. el incendio de Toronto

   C. el bombardeo de Fort McHenry

   D. la invasión estadounidense a Canadá

21. ¿Por qué la batalla de Nueva Orleans se habría producido *después* de que se firmó el tratado de paz?

   A. Andrew Jackson quería castigar a los británicos por el incendio de Washington.

   B. La noticia del tratado de paz no había llegado a Nueva Orleans desde Bélgica.

   C. Los generales involucrados no estaban de acuerdo con los términos del tratado de paz.

   D. Jackson temía que los británicos incendiaran Nueva Orleans, como habían hecho con Washington.

Las preguntas 22 a 24 se refieren a la siguiente tabla.

En 1933, Adolfo Hitler se convirtió en canciller de Alemania e inmediatamente comenzó a perseguir a los judíos. En los años sucesivos, la persecución fue cada vez más brutal hasta que finalmente se establecieron los trabajos forzados y los campos de exterminio en un esfuerzo por exterminar a los judíos en todas las áreas controladas por los nazis.

Población judía estimada de Europa, 1939 y 1946

	1939	1946
Austria	60,000	16,000
Checoslovaquia	360,000	55,000
Francia	320,000	180,000
Alemania	240,000	85,000
Hungría	403,000	200,000
Polonia	3,250,000	120,000
Rumania	850,000	300,000
Unión Soviética	3,020,000	2,000,000
Europa (total)	**8,503,000**	**2,956,000**

22. ¿Qué país sufrió la mayor pérdida de la población judía?

   A. Alemania

   B. Unión Soviética

   C. Polonia

   D. Francia

23. ¿Qué porcentaje perdió Polonia aproximadamente de su población judía?

   A. 15 por ciento

   B. 52 por ciento

   C. 74 por ciento

   D. 96 por ciento

24. Entre 1939 y 1946, Europa perdió más de la mitad de su población judía. ¿Qué puede concluir que les sucedió a estas personas?

   A. La mayoría fue ejecutada por los nazis.

   B. La mayoría huyó a Estados Unidos.

   C. La mayoría emigró a la Unión Soviética.

   D. La mayoría murió luchando en el combate.

Las preguntas 25 a 27 se refieren a la siguiente información.

En 1947, la Unión Soviética estaba expandiendo agresivamente su doctrina comunista a otros países. Grecia, aún debilitada por la Segunda Guerra Mundial, era uno de los objetivos y solicitó ayuda al presidente estadounidense. La respuesta de Truman fue solicitar fondos al Congreso. Su discurso ante el Congreso sentó las bases de lo que se transformaría en la doctrina Truman, que orientaría la política exterior estadounidense durante los siguientes 40 años.

La existencia misma del estado griego se ve amenazada hoy en día por las actividades terroristas de varios miles de hombres armados, liderados por los comunistas, que desafían la autoridad del gobierno...

Ninguna otra nación está dispuesta y es capaz de dar la ayuda necesaria al gobierno democrático de Grecia.

El gobierno británico, que ha estado ayudando a Grecia, no puede prestar más asistencia financiera o económica después del 31 de marzo. Gran Bretaña se halla en la necesidad de reducir o liquidar sus compromisos en diversas partes del mundo, incluso en Grecia...

Las semillas de los regímenes totalitaristas se nutren de la miseria y la necesidad. Se esparcen y crecen en el malvado suelo de la pobreza y los conflictos. Alcanzan su máximo crecimiento cuando la gente ha perdido toda esperanza de una vida mejor. Debemos mantener viva esa esperanza...

Si flaqueamos en nuestro liderazgo, podríamos poner en riesgo la paz mundial e, indudablemente, haríamos peligrar el bienestar de nuestra propia nación.

—Presidente Harry S. Truman, 1947

25. ¿Qué hacía que Grecia fuera un objetivo fácil para el dominio comunista?

   A. Tenía un gobierno democrático.

   B. Tenía una población pequeña, mayormente rural.

   C. Era un país pobre y debilitado por la guerra.

   D. Fue aliado de Estados Unidos durante la guerra.

26. ¿Por qué otras naciones democráticas no podían asumir esta iniciativa?

   A. Se estaban recuperando de la Segunda Guerra Mundial y carecían de recursos económicos.

   B. No les interesaban los asuntos internos de otros países.

   C. Apoyaban a los griegos que querían derrocar a su gobierno corrupto.

   D. La mayoría de las naciones creían que el comunismo mejoraría la vida de los trabajadores.

27. ¿Qué oración resume *mejor* la doctrina de Truman?

   A. Estados Unidos ofrecía ayuda financiera a otros países que estaban enfrentando dificultades económicas.

   B. Estados Unidos se esforzaba activamente para evitar que el comunismo avanzara a otros países.

   C. Estados Unidos buscaba reemplazar a los británicos y convertirse en una potencia mundial líder.

   D. Estados Unidos estaba dispuesto a iniciar una guerra, si era necesario para evitar que la Unión Soviética avanzara hacia Europa.

Cuando los veteranos de la Primera Guerra Mundial regresaron a casa, se les entregaban $60 y un boleto de tren para volver a su hogar. Muchos tuvieron dificultades para encontrar empleo y retomar sus vidas. Mientras todavía se desarrollaba la Segunda Guerra Mundial, el Congreso aprobó la Ley de Reajuste de Militares para ayudar a los veteranos de esa guerra cuando se reincorporaran a la sociedad. La ley prestaba asistencia a los veteranos para obtener una educación, hipotecas para viviendas y granjas, y una indemnización por desempleo.

28. ¿Qué puede haber impulsado al Congreso a aprobar la Ley de Reajuste de Militares?

   A. la preocupación de que los nuevos veteranos no regresaran a casa

   B. la necesidad de mantener un gran ejército activo en caso de que se produjera otra guerra

   C. la prosperidad económica del país que hizo posible la ley

   D. el fracaso al ayudar a los veteranos de la Primera Guerra Mundial a reincorporarse a la sociedad

Unidad 3: Economía

Acontecimientos económicos clave que dieron forma al gobierno estadounidense

recesión: período de por lo menos dos trimestres consecutivos de descenso en la actividad económica según la medición del producto interno bruto (PIB)

Las cuestiones económicas suelen incidir en las políticas y medidas del gobierno. Lea el siguiente pasaje que describe algunas de estas situaciones.

A lo largo de la historia, el gobierno federal ha asumido la responsabilidad por la estabilidad económica del país y el bienestar financiero de sus ciudadanos. Cuando la Gran Depresión afectó al país en la década de 1930, millones de personas quedaron desempleadas, muchas habían perdido sus ahorros y se vivía una situación de verdadera miseria. El gobierno introdujo diversos programas para generar puestos de trabajo y ayudar a aliviar las penurias económicas. Uno de los programas fue la Ley de Seguridad Social de 1935, que representó una fuente de ingresos para las personas jubiladas. La ley se ha modificado en varias oportunidades para añadir ajustes del costo de vida, cambiar la edad de retiro y añadir un componente de atención médica en 1965, denominado Medicare.

En las décadas posteriores a la aprobación de la Seguridad Social, el gobierno ha trabajado más activamente para estabilizar la economía. En los años 2007 y 2008, una crisis financiera condujo al gobierno a invertir miles de millones de dólares para evitar la quiebra de grandes instituciones financieras. El gobierno también fortaleció las reglamentaciones para mejorar las prácticas bancarias. Durante la **recesión** generada por la crisis, la Reserva Federal compró bonos por un valor de miles de millones de dólares cada mes y bajó las tasas de interés casi a cero en el dinero que les cobraba a los bancos para que estos tuvieran dinero para ofrecer préstamos a empresas e individuos, lo cual a su vez estimularía la economía.

Ejemplo de pregunta

¿Qué provocó que la Reserva Federal bajara las tasas de interés casi a cero durante la crisis financiera?

A. la Gran Depresión

B. las reglamentaciones gubernamentales para mejorar las prácticas bancarias

C. la recesión producida por la crisis financiera

D. la inminente quiebra de instituciones financieras

Análisis

P: ¿Qué estaba ocurriendo cuando la Reserva Federal disminuyó las tasas de interés casi a cero?

R: El país estaba atravesando una recesión.

P: ¿Qué pregunta se formula?

R: ¿Qué provocó que el gobierno bajara las tasas de interés?

P: ¿Cuál es la respuesta correcta?

R: La opción A es incorrecta. La Gran Depresión ocurrió antes de que se bajaran las tasas de interés, pero no fue la causa de esa política.

La opción B es incorrecta. El gobierno fortaleció las reglamentaciones bancarias prácticamente al mismo tiempo que la Reserva Federal bajó las tasas de interés, pero las reglamentaciones no fueron la causa de la disminución de las tasas de interés.

La opción C es correcta. Como la economía estaba en recesión, la Reserva Federal bajó las tasas de interés en un esfuerzo por estimular la economía.

La opción D es incorrecta. Algunas instituciones financieras casi llegan a la quiebra, pero este fenómeno era parte del clima económico generalizado y no la razón por la que bajaron las tasas de interés.

Acontecimientos económicos clave que dieron forma al gobierno estadounidense

Práctica guiada

En 2007 y 2008, el país padeció una crisis financiera y la economía cayó en la peor recesión desde la Gran Depresión. En 2009, la crisis se profundizó cuando dos de los principales fabricantes estadounidenses de automóviles, General Motors y Chrysler, estuvieron a punto de declararse en quiebra. Si quebraban, un millón de trabajadores en todo el país hubieran perdido sus empleos. El presidente Obama decidió que no se podía permitir que estos fabricantes quebraran y presionó al Congreso para que aprobara un rescate de $61,500 millones para proteger a estas compañías. La siguiente gráfica muestra una parte de la historia de este rescate.

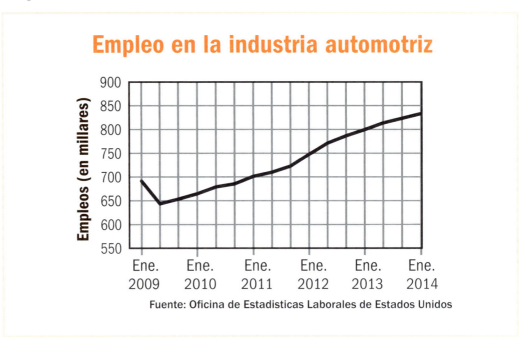

Empleo en la industria automotriz

Fuente: Oficina de Estadísticas Laborales de Estados Unidos

Pista: ¿Cuándo empezó a mejorar el empleo?

1. A causa de la situación en la que se encontraban Chrysler y General Motors, el gobierno federal, que poseía una gran parte de estas compañías como consecuencia del rescate, las presionó para que se declararan en quiebra y se pudieran restructurar y volverse rentables nuevamente. Según la gráfica, ¿cuándo comenzó a tener efectos la restructuración?

   A. junio de 2009

   B. diciembre de 2009

   C. junio de 2010

   D. enero de 2012

Pista: Observe el número de empleos a lo largo del eje vertical. Las cifras están expresadas en miles de empleos.

2. ¿Aproximadamente cuántos empleos se añadieron a la industria automotriz entre el momento en que el empleo había decaído al nivel más bajo y el momento en que había alcanzado su máximo apogeo?

   A. aproximadamente 2 millones

   B. aproximadamente 1.2 millones

   C. aproximadamente 520,000

   D. aproximadamente 176,000

Unidad 3: Economía

La relación entre las libertades políticas y económicas

La Constitución de Estados Unidos no dice mucho acerca de la libertad económica y se limita a unas pocas palabras en la Quinta Enmienda sobre los derechos de propiedad: Ninguna persona "perderá... la propiedad sin el debido proceso de la ley, ni se ocupará la propiedad privada para uso público sin una justa indemnización". Pero nuestra libertad económica está protegida por otros derechos constitucionales: los que garantizan las libertades individuales. Estos derechos permiten a las personas elegir su ocupación, cambiar de empleo, comprar o vender bienes y gastar dinero, entre otras cosas. No obstante, existen límites para estas libertades. Por ejemplo, nuestras libertades económicas se reducen por el derecho del gobierno de recaudar impuestos, restringir el uso de los bienes, exigir autorizaciones para abrir empresas y regular las prácticas comerciales. Algunas restricciones son necesarias, pero se abre la puerta al debate. Lea este fragmento de un discurso del senador Mitch McConnell para promover las "zonas de libertad económica".

Con esta legislación, algunas de las áreas más desfavorecidas de nuestro país tendrían la posibilidad de solicitar una categoría de zona de libertad económica que contribuiría a aligerar la carga sobre algunas de las familias más pobres del país. Los propietarios de pequeñas empresas tendrían menos reglamentaciones gubernamentales por cumplir, lo que les permitiría crear empleos e impulsar la prosperidad. Los empresarios observarían la eliminación de obstáculos fiscales punitivos, lo que les permitiría liderar una recuperación con renovadas ideas y energías. Los sistemas educativos debilitados experimentarían reformas que elevarían a los niños desfavorecidos y le darían una nueva esperanza a la generación más joven. Las ciudades y regiones que ahora enfrentan un futuro oscuro se podrían transformar, si así lo eligen, casi instantáneamente en imanes de nuevas ideas y esperanza.

—Senador Mitch McConnell, 2014

Ejemplo de pregunta   ¿Qué elemento del plan del senador McConnell fortalecería la libertad económica?

A. permitir a las ciudades y regiones transformarse

B. reducir las reglamentaciones gubernamentales

C. mejorar la educación de niños desfavorecidos

D. alentar a las personas a tener esperanza de un futuro mejor

Análisis   **P:** ¿De qué manera una zona de libertad económica ayuda a las empresas?
R: Reduce los impuestos y las reglamentaciones gubernamentales.

P: ¿Qué pregunta se formula?
R: ¿Qué parte del plan de McConnell le daría a la gente más libertad económica?

P: ¿Cuál es la opción correcta?
R: La opción A es incorrecta. McConnell espera que su plan logre esto, pero sería el resultado de la medida, no la causa.

La opción B es correcta. La reducción de las reglamentaciones permite que las empresas funcionen con más libertad y hagan negocios que generen más ganancias.

La opción C es incorrecta. Mejorar la educación ayudará a que los niños se preparen para alcanzar el éxito, pero no mejora directamente la libertad económica.

La opción D es incorrecta. Las personas pueden tener la esperanza de un futuro mejor, incluso si están padeciendo una profunda recesión económica.

La relación entre las libertades políticas y económicas

Práctica guiada

Desde hace tiempo se supone que una economía libre y las libertades individuales están estrechamente relacionadas, pero lea este artículo sobre lo que está sucediendo en China.

> **producto interno bruto (PIB):** medida económica del valor de todos los productos y servicios generados en un país durante un año determinado

Se suele considerar que las libertades económicas y políticas están estrechamente entrelazadas; una no puede existir verdaderamente sin la otra o, por lo menos, así dice el razonamiento. Pero en China está ocurriendo algo que contradice este razonamiento. China, que está clasificada como uno de los gobiernos más autoritarios del mundo, controla el acceso a internet con más rigidez que cualquier otro país. La libertad de expresión o protesta está limitada estrictamente. Es muy común que haya juicios que no parecen seguir un debido proceso para quienes digan o hagan cualquier cosa que se relacione con las acciones autoritarias del gobierno. Incluso quejarse de la comida, un producto o la seguridad ambiental puede ser motivo de acoso y, si es llevado a un extremo, prisión por parte del gobierno. A pesar de estar bajo esta nube de opresión política, China se está volcando a una economía de libre mercado, en la que las personas, la industria y los intereses comerciales toman sus propias decisiones económicas. Se está desarrollando una gran población de clase media y alta, y si bien el crecimiento explosivo de la economía china se ha enfriado recientemente, el producto interno bruto (PIB) continúa creciendo a una tasa de más del 7 por ciento, una cifra que provoca la envidia de gran parte del mundo desarrollado. Los acontecimientos en China han llevado a cuestionarse lo que muchos suponían sobre la relación entre la libertad política y la libertad económica.

Pista: Vuelva a leer todos los detalles del artículo. ¿Qué idea general apoyan?

1. ¿Cuál es la idea central o principal de este párrafo?
    A. La economía de China está impulsando el crecimiento de la clase media y alta.
    B. China es una potencia económica que provoca la envidia de los países desarrollados.
    C. La historia política y económica de China contradice a la teoría establecida.
    D. China tiene un gobierno totalitario que reprime las libertades individuales.

Pista: Esto es parte de la idea central del artículo. Por lo general, esa idea se expresa casi al principio de un texto. Vuelva a leer los primeros renglones.

2. ¿Qué le resulta inusual al autor acerca de China?
    A. Tiene un gobierno totalitario que reprime los derechos individuales.
    B. Tiene un gobierno totalitario, pero una economía de libre empresa.
    C. Tiene una clase media y alta en rápido crecimiento.
    D. La economía está creciendo con más rapidez que la de muchos países desarrollados.

Pista: Piense en lo que está sucediendo en la economía de China. ¿Qué efecto puede inferir de esta situación?

3. ¿Por qué la clase media de China está creciendo tan velozmente?
    A. Es el segmento más grande de la enorme población china.
    B. El sistema político facilita que las personas asciendan a la clase media.
    C. Un enlentecimiento de la economía está haciendo descender a la clase alta.
    D. Un sistema de libre empresa permite que la población mejore su situación económica.

Unidad 3: Economía

Conceptos económicos fundamentales

costo de oportunidad: valor de una opción alternativa que se rechaza cuando se toma la decisión de llevar adelante una determinada acción; un intercambio

El **costo de oportunidad** es un concepto económico importante que impulsa muchas de las decisiones que toman las personas, empresas y el gobierno. Brevemente, consiste en el precio que alguien debe pagar con el fin de recibir un beneficio. Por ejemplo, cuando está pensando en comprarse una nueva camisa, debe decidir si el valor que recibe de tener una camisa nueva supera el monto de dinero que gastará en ella. Si decide comprar la camisa, su costo es el dinero que paga y que no puede volver a usar para comprar otro producto. En forma similar, si decide plantar tomates, los frutos son el beneficio que recibirá y el costo es la cosecha de otros vegetales que podría haber cultivado. Lea el siguiente pasaje y piense en el costo de oportunidad de la decisión que debe tomar el Ayuntamiento.

En la ciudad de Carver, el Ayuntamiento debe recortar gastos para equilibrar el presupuesto de la ciudad. El alcalde sugirió suprimir estos guardias en los cruces peatonales de las escuelas, que le cuestan a la ciudad aproximadamente $500,000 por año en salarios y beneficios. Según el alcalde, estos guardias son un lujo que la ciudad ya no puede solventar. Propone que su lugar lo ocupen padres, maestros y conserjes escolares. Un grupo de padres se opone al recorte propuesto y sostiene que los guardias son necesarios para garantizar la seguridad de los niños.

Ejemplo de pregunta

¿Cuál de las siguientes oraciones es una opinión?

A. La ciudad de Carver está debatiendo cómo equilibrar el presupuesto de la ciudad.

B. El presupuesto se puede equilibrar al recortar gastos.

C. Los guardias de los cruces peatonales escolares le cuestan a la ciudad aproximadamente $500,000 al año.

D. Los guardias de los cruces peatonales escolares son un lujo que la ciudad no puede costear.

Análisis

P: ¿Qué es una opinión?
R: Una creencia o manera de pensar que no se puede comprobar.

P: ¿Qué pregunta se formula?
R: ¿Cuál de las siguientes afirmaciones es una opinión?

P: ¿Cuál es la respuesta correcta?
R: La opción A es incorrecta. Se puede probar que la ciudad está debatiendo el presupuesto. Se trata de un hecho.

La opción B es incorrecta. Según el pasaje, recortar el costo de los guardias equilibraría el presupuesto, es decir que se trata de un hecho.

La opción C es incorrecta. El alcalde afirma que los guardias cuestan alrededor de $500,000 al año y nadie discute este hecho.

La opción D es correcta. El alcalde piensa que los guardias son un lujo, pero los padres, no. Considerar si son un lujo o un elemento esencial es una opinión.

Práctica guiada

ganancia: ingresos obtenidos de una actividad comercial que superan los gastos de la actividad

costo: el valor entregado a cambio de comprar algo o llevar adelante una actividad comercial

ingresos: el monto total de dinero recibido durante un período de tiempo específico antes de restar los gastos

Las personas crean empresas para obtener una ganancia. La **ganancia** se determina al restar el **costo** de fabricar el producto y llevar adelante la empresa de los **ingresos** de la empresa, que es el dinero obtenido por medio de las ventas. Los costos son cualquier gasto que implique fabricar el producto, como los costos de empaqueta, mercadotecnia, distribución, materias primas, salarios, impuestos y utilidades. Los costos también son dictados por la eficiencia, la productividad de los trabajadores y la tecnología.

Examine la tabla de tres empresas hipotéticas y conteste las preguntas.

	Ingresos	Costos	Ganancia
Compañía A	$100,000	$95,000	
Compañía B	$1,200,000		$60,000
Compañía C	$150,000,000	$138,000,000	$12,000,000

Pista: Repase la fórmula para calcular la ganancia indicada en la introducción.

1. ¿Cuál es la ganancia de la compañía A?
   A. $5,000
   B. $7,500
   C. $75,000
   D. $100,000

Pista: Recuerde que los ingresos equivalen a los costos más ganancia. Es decir que ingresos menos ganancia es igual a costos.

2. ¿Cuál es el costo de las actividades de la compañía B?
   A. $550,000
   B. $722,000
   C. $750,000
   D. $1,140,000

Pista: ¿Qué le ocurre al precio de un producto cuando un comprador ofrece comprar una gran cantidad de ese producto? ¿De qué forma esto afecta a las empresas, por ejemplo, cuando compran materias primas?

3. Las compañías A y B obtuvieron ganancias que equivalen al 5 por ciento de los ingresos. La compañía C obtuvo una ganancia del 8 por ciento de los ingresos. ¿Cuál será *probablemente* la razón del margen de ganancia mayor de la compañía C?
   A. Las compañías más pequeñas tienen menos experiencia comercial y cometen más errores.
   B. Las compañías más grandes tienen más antigüedad y están mejor establecidas.
   C. Las compañías más grandes tienden a ser más eficientes y a tener una mayor productividad.
   D. Las compañías más pequeñas carecen de capital suficiente para competir.

tarifa: impuesto a los productos importados

Un **tarifa** es un impuesto que los gobiernos recaudan sobre los productos y servicios importados del exterior. Las tarifas se usan con dos finalidades: para recaudar impuestos y para restringir la importación de determinados productos. Hoy en día, las tarifas se usan principalmente para proteger a las empresas estadounidenses que de otra forma no podrían competir con los fabricantes extranjeros. La ventaja de las tarifas es que protegen las industrias y los empleos de Estados Unidos. Entre las desventajas se incluyen los precios mayores que los consumidores deben pagar por los productos nacionales.

Jeff Danziger, www.cartoonistgroup.com, 5 de octubre de 2011
1. "¡Mire! ¡Estos estadounidenses infames amenazan con tarifas para proteger a sus trabajadores holgazanes que no quieren trabajar por salarios chinos! ¿Qué se les ocurrirá ahora?".
2. Estados Unidos amenaza con aranceles.
3. "¡Basta! ¡No más discusiones acerca de la economía internacional! ¡Regresen a trabajar!".

Piense en la opinión sobre las tarifas que se expresa en esta caricatura política.

Ejemplo de pregunta

¿Cuál es la idea principal que trasmite el autor de esta caricatura?

A. Los trabajadores chinos deben soportar pésimas condiciones laborales y no ganan salarios suficientes.

B. Los salarios y condiciones de trabajo de China son deficientes y los estadounidenses no aceptarían trabajar en esas condiciones.

C. Los estadounidenses no trabajan tan arduamente como solían hacerlo; podrían aprender de los trabajadores chinos.

D. Los trabajadores chinos son más dedicados y trabajan más arduamente que los estadounidenses.

Análisis

P: ¿Quién está hablando en la caricatura?
R: Dos hombres chinos.

P: ¿Qué impresión da la caricatura sobre la trabajadora china?
R: Luce exhausta y sumisa, y está encadenada a su estación de trabajo.

P: ¿Cuál es la opción correcta?
R: La opción A es incorrecta. El autor de esta caricatura trasmite esta idea, pero no es la idea principal.

La opción B es correcta. Los hombres chinos piensan que es una actitud egoísta de los estadounidenses que quieren proteger a sus trabajadores. Consideran que es una discusión académica.

La opción C es incorrecta. Los hombres chinos piensan que los estadounidenses son perezosos, pero la trabajadora china luce sobrecargada de trabajo.

La opción D es incorrecta. Quizá la trabajadora china se esfuerce en su labor, pero no luce dedicada, sino obligada a trabajar arduamente.

Práctica guiada

La Oficina de Estadísticas Laborales de Estados Unidos es la encargada de medir la tasa de desempleo. Cuenta la cantidad de personas que están desempleadas y que estén activamente buscando empleo. Sin embargo, tras un período de búsqueda sin resultados exitosos, algunas personas se desalientan y dejan de buscar trabajo. Las personas desempleadas que no están buscando trabajo no se cuentan en la tasa de desempleo. Se considera que no forman parte de la fuerza laboral.

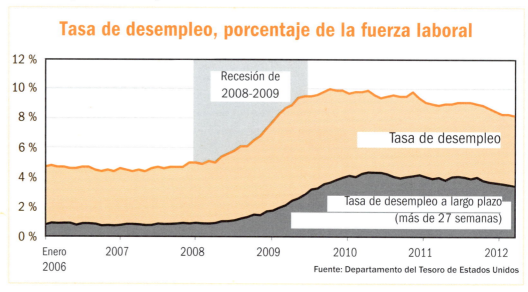

Tasa de desempleo, porcentaje de la fuerza laboral

Fuente: Departamento del Tesoro de Estados Unidos

> **Pista:** Encuentre las fechas en la línea horizontal inferior de la gráfica. ¿Qué ocurrió con la tasa de desempleo a largo plazo?

1. ¿Qué ocurrió con la tasa de desempleo a largo plazo a partir de mediados de 2008?

   A. Creció lentamente hasta que superó la tasa de desempleo.

   B. Disminuyó con la misma intensidad con la que había aumentado previamente.

   C. Aumentó mucho más lentamente que la tasa de desempleo.

   D. Aumentó bruscamente a casi la mitad de la tasa de desempleo.

> **Pista:** Observe todos los datos presentados en la gráfica y lea las opciones. ¿Qué afirmación apoyan los datos de la gráfica?

2. ¿Qué puede concluir acerca de cómo una importante contracción económica afecta la fuerza laboral?

   A. La fuerza laboral no se ve significativamente afectada por una contracción económica.

   B. Las recesiones tienen relativamente una corta duración y los empleados despedidos encuentran empleos poco después.

   C. Si bien la recesión afectó a todos los trabajadores, golpeó a algunos con más severidad y por más tiempo.

   D. Durante la recesión, la mayoría de las personas perdieron sus empleos, pero algunas nunca más los pudieron recuperar.

Unidad 3: Economía

Economía de consumo

La mayoría de las personas pedirá prestado dinero en algún momento de su vida. Quizá necesiten un préstamo para la universidad, para comprar un auto o una casa, o para comprar productos en una tienda o en internet. Existen muchos tipos de créditos disponibles para estas finalidades.

Tipo de crédito	Características
Tarjetas de crédito	Se pueden cargar las compras hasta un límite máximo de crédito y se pagan con el transcurso del tiempo. Las tasas de interés se basan en la calificación de crédito y, por lo general, son más altas que otros tipos de crédito. Una tarjeta de crédito se puede usar tantas veces como sea necesario para la mayoría de tipos de compras.
Préstamos estudiantiles	Los estudiantes que reúnan los requisitos tienen la posibilidad de obtener préstamos federales con intereses bajos. Los bancos ofrecen préstamos estudiantiles privados, pero las tasas de interés serán más altas y podrán exigir un cosignatario.
Hipotecas	Son préstamos hipotecarios para la compra de viviendas. Pueden ser por 15, 20, 30 o más años. La calificación de crédito y el plazo del préstamo determinan la tasa de interés. Las tasas son más bajas que las de la mayoría de otros tipos de préstamos. La vivienda se usa como garantía.
Préstamos para automóviles	Las tasas de interés pueden ser razonables, dependiendo de la calificación de crédito y la antigüedad del automóvil. Por lo general, los préstamos tienen un plazo de cuatro a siete años.
Préstamos personales	Un préstamo personal se puede obtener en un banco. No se requiere ninguna garantía, por lo que suelen ser más difíciles de obtener y las tasas de interés pueden ser mayores.

Ejemplo de pregunta

¿Por qué las tarjetas de crédito son más convenientes de usar que otros tipos de préstamos?

A. La tarjeta se puede utilizar en la medida que sea necesario para efectuar compras.

B. Las tasas de interés son más bajas que las de otros tipos de créditos.

C. Las tarjetas de crédito no tienen límite de crédito como la mayoría de los otros préstamos.

D. El límite de crédito es más alto que el de otros tipos de créditos.

Análisis

P: ¿Cómo puede eliminar determinados préstamos al pensar en la respuesta?
R: Algunos préstamos (hipotecas, préstamos estudiantiles y para automóvil) tienen una finalidad especial. Las tarjetas de crédito se pueden usar para la mayoría de tipos de compras.

P: ¿Qué pregunta se formula?
R: ¿Cuál es la forma de crédito más fácil de usar?

P: ¿Cuál es la opción correcta?
R: **La opción A es correcta porque, una vez que la persona dispone de una tarjeta de crédito, la puede usar para la mayoría de tipos de compras.**

La opción B es incorrecta. Las tarjetas de crédito tienen tasas de interés mayores que la mayoría de los tipos de préstamos.

La opción C es incorrecta. Según el cuadro, las tarjetas de crédito tienen límites máximos de crédito.

La opción D es incorrecta. Una hipoteca y, probablemente, un préstamo estudiantil o para un automóvil tendrían un monto muy elevado.

Práctica guiada

> **plan 529:** plan con ventajas fiscales para ahorrar para los gastos de la universidad

Un **plan 529** es un plan de ahorros con ventajas fiscales para fomentar el ahorro para la universidad. No todos los planes son iguales, puesto que muchos están patrocinados por los estados, las oficinas estatales y las instituciones educativas. Generalmente, se clasifican en dos categorías. Los planes de colegiatura prepagada están patrocinados por las universidades participantes y permiten a las personas que ahorran pagar anticipadamente la futura colegiatura y, en ocasiones, solventar los gastos de alojamiento y comida. Por lo general, cuentan con el patrocinio de los gobiernos estatales. Un plan de ahorros para la universidad es un programa más tradicional. Las personas que ahorran participan en una variedad de oportunidades de inversión. No se garantiza los rendimientos, pero se puede usar en cualquier universidad o institución de educación superior. La siguiente tabla muestra algunas diferencias.

Planes 529 de ahorros para la universidad

Plan de colegiatura prepagada	Plan de ahorros para la universidad
El precio de la colegiatura está congelado.	El precio de la colegiatura no está congelado.
La colegiatura y las cuotas obligatorias están cubiertas; algunos planes cubren alojamiento y comida.	Todos los gastos calificados están cubiertos, incluida la colegiatura, alojamiento y comida, cuotas obligatorias, libros requeridos y computadoras.
La mayoría de los planes están respaldados por el estado.	Las inversiones no están respaldadas por un estado y están sujetas al riesgo habitual del mercado.
El propietario o beneficiario del plan, por lo general, debe ser residente del estado.	No se exige tener la residencia en el estado.
Existen límites de edad o grado para el beneficiario.	Está disponible para adultos y niños, independientemente de la edad o grado.
Es posible que el plazo de inscripción sea limitado.	Los inversionistas se pueden inscribir durante todo el año.

> **Pista:** Lea la columna del plan de ahorros para la universidad. Identifique cada característica que le añade flexibilidad a este plan.

1. ¿Por qué el plan de ahorros para la universidad es más flexible?
   A. Cubre la colegiatura y las cuotas necesarias, y puede incluir alojamiento y comida.
   B. La inversión está sujeta a las fluctuaciones del mercado.
   C. No se congela la colegiatura ni otros gastos de la universidad.
   D. No requiere residencia en el estado y cubre a las personas de cualquier edad.

> **Pista:** ¿Qué opción no se ajustaría a los requisitos de cobertura establecidos por el plan prepagado?

2. Joe y Akita se graduaron de la misma universidad estatal y recientemente tuvieron una hija. Decidieron abrir un plan de colegiatura prepagada en su nombre. ¿Qué riesgo están tomando al elegir esta opción?
   A. El precio de la colegiatura está congelado.
   B. Es posible que su hija quiera ir a la universidad en otro estado.
   C. Podrían perder dinero en la inversión.
   D. Quizá su hija quiera asistir a la facultad de medicina.

Una guerra es una empresa sumamente costosa. Los costos suman pérdida de vidas, la destrucción masiva de países, la disminución de la producción, el precio de los materiales bélicos y el gasto de manutención de un ejército. Pero la guerra tiene muchos efectos y, en ocasiones, puede beneficiar la economía de un país. Lea el artículo sobre las consecuencias de la Primera y Segunda Guerra Mundial en la economía estadounidense.

En los años anteriores a la Primera Guerra Mundial, Estados Unidos estaba padeciendo una recesión prolongada. Cuando la guerra comenzó en Europa en 1914, los países europeos comenzaron a comprarles productos a los fabricantes estadounidenses para abastecer el conflicto bélico. Estados Unidos ingresó en un período de auge económico. Se construyeron nuevas fábricas y se compraron equipos. El auge se aceleró cuando Estados Unidos intervino en la guerra en 1917. El gobierno comenzó a efectuar gastos considerables en materiales bélicos. El desempleo cayó de 7.9 por ciento a 1.4 por ciento.

Las consecuencias de la Segunda Guerra Mundial en la economía estadounidense fueron incluso mayores. En 1929, la Bolsa de Valores se colapsó y Estados Unidos ingresó poco después a la Gran Depresión. A pesar de los numerosos esfuerzos a nivel nacional para darle fin a la Depresión, esta perduró hasta 1939 cuando estalló la guerra en Europa. La industria estadounidense comenzó a activarse a gran velocidad e impulsó un despegue económico. Las fábricas funcionaban a su máxima capacidad de producción y el desempleo volvió a caerse. Cuando terminó la guerra, el auge continuó y se aceleró hasta la década de 1950.

Ejemplo de pregunta ¿Qué oración resume *mejor* la idea central de este artículo?

A. Las guerras mundiales impulsaron importantes recuperaciones económicas en Estados Unidos.

B. La Segunda Guerra Mundial ayudó a Estados Unidos a recuperarse finalmente de la Gran Depresión.

C. Durante la Primera y Segunda Guerra Mundial, Estados Unidos efectuó considerables gastos en los esfuerzos bélicos.

D. Tanto en la Primera como en la Segunda Guerra Mundial, la industria estadounidense abasteció las necesidades del ejército.

Análisis **P:** ¿De qué trata principalmente el primer párrafo?
R: La Primera Guerra Mundial ayudó a Estados Unidos a recuperarse de una recesión y condujo a un auge de la manufactura y al crecimiento económico.

P: ¿De qué trata principalmente el segundo párrafo?
R: La Segunda Guerra Mundial sacó a Estados Unidos de la Gran Depresión y condujo a un auge de la manufactura y al crecimiento económico.

P: ¿Qué pregunta se formula?
R: ¿Qué oración resume mejor las ideas principales del artículo?

P: ¿Cuál es la *mejor* respuesta?
R: **La opción A es correcta. Esta oración combina las ideas principales de ambos párrafos.**

La opción B es incorrecta. Solo aborda parte de la idea principal del segundo párrafo.

La opción C es incorrecta. Es una afirmación acertada, pero no cubre las ideas principales de ambos párrafos.

La opción D es incorrecta. Es una afirmación acertada, pero no aborda la idea principal y general de los párrafos.

Causas y consecuencias económicas de las guerras

Práctica guiada Cuando los países evalúan las razones para iniciar una guerra, no suelen considerar sus efectos económicos, pero los costos pueden ser enormes. Estudie el siguiente cuadro que muestra los costos económicos de algunas de las guerras de Estados Unidos.

Costo total de las guerras

Guerra	Costo total en millones de dólares (valor en 2008)
Revolución Estadounidense	$1,800
Guerra Civil (Norte y Sur)	$60,400
Primera Guerra Mundial	$253,000
Segunda Guerra Mundial	$4,114,000
Guerra de Corea	$320,000
Guerra de Vietnam	$686,000
Guerra del Golfo Pérsico	$96,000

Fuente: Servicio de Investigación del Congreso

Pista: ¿Cuántos ceros hay en 1 millón de dólares?

1. ¿Cuánto costó la Guerra de la Revolución?
   A. $1,800,000
   B. $18,000,000
   C. $180,000,000
   D. $1,800,000,000

Pista: ¿Tendría sentido el cuadro si usara el valor del dólar al momento de producirse cada guerra?

2. ¿Por qué el cuadro indica que los datos se expresan en "valor de 2008"?
   A. para demostrar lo costosas que son todas las guerras
   B. para comprobar que el costo de la guerra ha aumentado de manera constante
   C. para efectuar una comparación precisa del costo de las guerras
   D. para mostrar cuánto ha gastado Estados Unidos en las guerras

Pista: No es necesario convertir cada cifra a millones de dólares. Solo compare los montos indicados.

3. ¿Cuáles fueron las dos guerras más costosas de Estados Unidos?
   A. la Primera y la Segunda Guerra mundial
   B. la Segunda Guerra Mundial y la Guerra de Vietnam
   C. la Revolución Estadounidense y la Guerra Civil
   D. la Guerra del Golfo Pérsico y la Guerra de Corea

economía: rama del conocimiento que trata sobre la producción, consumo e intercambio de productos y servicios dentro de una sociedad

globalización: expansión de los negocios nacionales a mercados en otros países, lo que conduce a la interconexión del mercado mundial

La **economía** es uno de los factores más importantes que afectan la forma en que se desarrolla nuestra civilización. Impulsa al crecimiento de las ideas y mejora nuestro estándar de vida, pero también se puede estancar y provocar una paralización de la civilización. Lea el siguiente artículo sobre una de las maneras en la que la economía impulsó al desarrollo.

Generalmente pensamos en la **globalización** como un fenómeno nuevo, algo que se generó durante el siglo XX y que ha integrado el comercio mundial y el intercambio de ideas. Sin embargo, se puede argumentar con solidez que este fenómeno data de mucho tiempo atrás. Si nos remontamos a la historia antigua, se puede comprobar que existía un comercio limitado entre Europa y China. Comenzó mucho antes de que Marco Polo participara en esas actividades comerciales por los años 1200. Pero el verdadero comercio global que unía a los continentes poblados se puede rastrear directamente hasta la llegada de Cristóbal Colón al Nuevo Mundo. El motivo del viaje de Colón era encontrar una ruta comercial a Asia, pero logró mucho más que eso: su llegada al Nuevo Mundo añadió dos continentes al mundo conocido y todo el potencial económico que suponían. Muy pronto, se establecieron asentamientos y se desarrolló la agricultura y la industria. Hacia fines del siglo XVI, el comercio mundial era una realidad. A partir de entonces, el comercio entre países y regiones del mundo creció de manera constante a aproximadamente 1.1 por ciento por año hasta 1800, cuando la tasa se aceleró incluso más. El viaje de Colón cambió al mundo de maneras que él jamás hubiera imaginado.

Ejemplo de pregunta

¿Qué oración del artículo contribuye en mayor medida a la credibilidad del autor?

A. "Generalmente pensamos en la globalización como un fenómeno nuevo, algo que se generó durante el siglo XX".

B. "El verdadero comercio global que unía a los continentes poblados se puede rastrear directamente hasta la llegada de Cristóbal Colón al Nuevo Mundo".

C. "El comercio entre países y regiones del mundo creció de manera constante a aproximadamente 1.1 por ciento por año hasta 1800".

D. "El viaje de Colón cambió al mundo de maneras que él jamás hubiera imaginado".

Análisis

P: ¿De qué manera un autor puede hacer que su texto parezca creíble?
R: Incluir hechos que el lector sabrá que son verdaderos o que puede investigar para comprobar.

P: ¿Qué pregunta se formula?
R: ¿Qué oración contribuye en mayor medida a la credibilidad del autor?

P: ¿Cuál es la mejor opción?
R: La opción A es incorrecta. Es posible que sea verdadera, pero es una opinión y resulta difícil comprobarla.

La opción B es incorrecta. Esta oración es una interpretación razonable, pero se podría argumentar que los continentes estaban unidos antes de la llegada de Colón.

La opción C es correcta. Esta oración incluye hechos concretos que se pueden verificar mediante una investigación.

La opción D es incorrecta. El autor está formulando una opinión, que puede o no resultar verdadera.

Práctica guiada

Entre el siglo XV y mediados del siglo XVIII, se desarrolló una relación comercial rentable e infame entre las trece colonias, Europa, África y las Indias Occidentales. Este intercambio comercial ayudó al Nuevo Mundo a crecer y prosperar. Fue rentable porque satisfacía las necesidades de los diferentes participantes y les proveía los productos que necesitaban y los mercados para vender los productos que elaboraban. Fue infame porque convirtió al tráfico de esclavos en una parte sistemática del comercio internacional. Estudie el mapa del comercio triangular y conteste las preguntas.

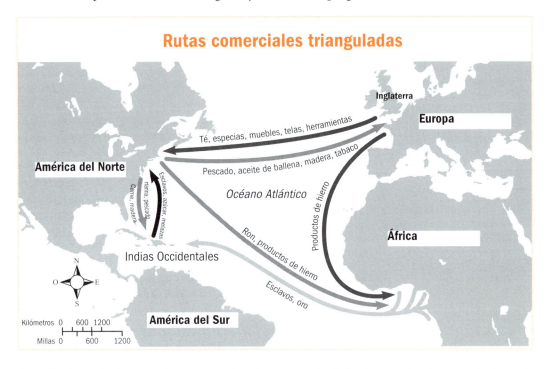

Rutas comerciales trianguladas

Pista: ¿Qué exportaban las colonias? ¿Qué importaban? Extraiga conclusiones de esta información.

1. ¿Qué conclusión puede extraer sobre la economía de las trece colonias en esta época?

    A. Dependía principalmente de los recursos naturales.

    B. Era generalmente autosuficiente y necesitaba poco para prosperar.

    C. Era el socio comercial más avanzado.

    D. Estaba principalmente estructurada en torno a la fabricación.

Pista: ¿Por qué los países intercambian productos? ¿Cuáles son las consecuencias para cada socio comercial? ¿Qué sucede si el comercio se enlentece o se detiene?

2. ¿Qué habría probablemente ocurrido si el tráfico de esclavos se hubiera terminado antes?

    A. Europa no habría tenido un mercado para sus productos manufacturados.

    B. Las trece colonias no se habrían separado.

    C. El crecimiento comercial de las trece colonias se habría enlentecido.

    D. El comercio habría aumentado entre las Indias Occidentales y África.

La revolución científica, que se produjo aproximadamente entre 1550 y 1700, fue una transformación intelectual y cultural que cambió la forma en que las personas miraban al mundo. Anteriormente, la ciencia se consideraba una rama de la filosofía y el proceso de entender la naturaleza estaba más relacionado con las creencias y la interpretación que con los hechos que se descubrían a partir de una observación objetiva. Sin embargo, a partir del año 1550, la ciencia comenzó a ser considerada una disciplina individual sustentada por el razonamiento abstracto. La naturaleza se consideraba una máquina que se podía pesar y medir, y cuyo funcionamiento se podía entender. Surgió el método científico y se creó un marco para estudiar el mundo. Los científicos comenzaron a cuestionarse *cómo* funcionaba el mundo, en vez de *por qué* funcionaba así. Este cambio de razonamiento condujo a grandes invenciones que impulsaron la Revolución Industrial en los siglos posteriores. El siguiente pasaje describe cómo dos científicos de este período contribuyeron al avance de la ciencia.

> El alemán Otto von Guericke estaba interesado en la atmósfera y realizó experimentos usando el vacío para intentar comprenderla. Descubrió que, al vaciar el aire de un cilindro, podía elevar la presión a un nivel suficiente para mover objetos pesados. Años más tarde, el físico francés Denis Papin continuó experimentando y descubrió que podía crear la misma alta presión bombeando el vapor producido por agua en ebullición hacia el interior de un cilindro. El proceso creaba suficiente presión que luego usaba para bombear agua desde un río.

Ejemplo de pregunta

Guericke y Papin realizaron experimentos para aprender sobre la atmósfera. Posteriormente, su trabajo condujo a invenciones prácticas que contribuyeron a impulsar el crecimiento económico. ¿Qué invención práctica se desarrolló a partir del trabajo de Guericke y Papin?

A. tren de locomotora

B. desmotadora de algodón

C. telégrafo

D. imprenta

Análisis

P: ¿Qué conclusión extrajo Guericke de su experimento?
R: El aire tenía peso y creaba presión.

P: ¿Qué descubrió Papin acerca del vapor?
R: Se podía usar para crear presión y generar trabajo.

P: ¿Cuál es la respuesta correcta?
R: **La opción A es correcta. Los experimentos primitivos demostraron cómo se podía producir energía a partir del vapor. Una aplicación más avanzada de la misma tecnología se usó para accionar los primeros trenes.**

La opción B es incorrecta. La tecnología básica de la desmotadora de algodón no dependía de la energía del vapor.

La opción C es incorrecta. La invención básica del telégrafo no dependía de la energía del vapor.

La opción D es incorrecta. La imprenta se inventó antes y no usaba energía del vapor.

Práctica guiada

Alrededor del año 1760, se inició una importante transformación en la sociedad y la economía que se denominó la Revolución Industrial. Se produjo lentamente, pero transformó prácticamente cada aspecto de la sociedad. La primera oleada de cambios ocurrió con el advenimiento de las máquinas. En el pasado, la mayor parte de la fabricación se hacía en cabañas y pequeños talleres, donde se elaboraban productos manualmente. Luego, a mediados del siglo XVIII, se comenzaron a inventar máquinas que hacían la mayor parte del trabajo. Alrededor del año 1860, se produjo otro cambio, esta vez a raíz del uso de la energía del vapor para hacer funcionar maquinarias y trenes. En el siguiente pasaje, el industrial Andrew Carnegie habla sobre los efectos de estos cambios.

> *Es fácil apreciar cómo ha ocurrido el cambio... Toda la historia se encuentra en la manufactura de los productos. Se aplica a todas las combinaciones de la industria humana, impulsadas y aumentadas por las invenciones de esta era científica. Antiguamente, los artículos se fabricaban en el fogón del hogar o en pequeños talleres que formaban parte del hogar...*
>
> *Hoy en día, el mundo obtiene **mercancías** de excelente calidad a precios que incluso la generación anterior habría considerado increíbles. En el mundo comercial, causas similares han producido resultados similares y, a raíz de ello, la raza humana se ha beneficiado. Los pobres disfrutan de lo que los ricos antes no podían adquirir. Lo que antes eran lujos hoy se han convertido en necesidades vitales. El trabajador ahora tiene más comodidades que lo que tenía el terrateniente hace algunas generaciones... El terrateniente tiene libros y pinturas más especiales y muebles más artísticos que los que el mismo rey podía obtener antiguamente.*
>
> —Andrew Carnegie, 1889

mercancías: artículos intercambiados en el comercio

Pista: ¿Qué está ocurriendo con la economía en este momento de la historia de Estados Unidos?

1. ¿Qué ocurrió que explicaría por qué una generación anterior habría considerado la calidad y precio de las mercancías como algo "increíble"?

    A. Las generaciones anteriores eran más pobres y no podían comprar tantas mercancías, por lo que resultaban más costosas y de inferior calidad.

    B. Los avances en la tecnología han provocado que las mercancías sean abundantes y, por lo tanto, más económicas y de mejor calidad.

    C. Las mejoras en el transporte han permitido a las personas comprar mercancías mejores y menos costosas provenientes de Europa.

    D. Las generaciones anteriores tenían menos expectativas, por lo que las compañías no elaboraban productos de alta calidad y cobraban más por ellos.

Pista: ¿De qué trata principalmente este pasaje? ¿Qué idea principal sustentan los detalles?

2. ¿Cuál sería el mejor título para este pasaje?

    A. Beneficios de la Revolución Industrial

    B. Los ricos se enriquecen cada vez más

    C. Productos básicos de todo el mundo

    D. La Revolución Industrial pone fin a la pobreza

Unidad 3: Economía

Lección 9

Análisis de datos

En algunas preguntas del examen de Estudios Sociales se le pedirá que analice datos de tablas o gráficas. Quizá deba analizar los datos y extraer una conclusión. Se le podrá pedir que compare datos de una misma fuente o de dos fuentes gráficas diferentes.

Buscando el equilibrio

Índice S&P/Case-Shiller, desestacionalizado

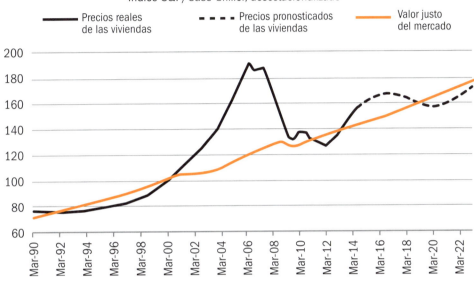

Fuente: Equipo de investigación internacional de Bank of America Merrill Lynch | WSJ.com

Ejemplo de pregunta

Según la gráfica, ¿cuál sería el mejor momento para comprar una casa?

A. 2017

B. 2018

C. 2019

D. 2020

Análisis

P: ¿Qué datos compara la gráfica?
R: La gráfica compara el precio real o pronosticado de una casa con el valor justo del mercado, entre los años 1990 y 2022.

P: ¿Qué pregunta se formula?
R: Se pide identificar el mejor momento para comprar una casa. Ese momento sería cuando el valor justo del mercado de una casa es mayor que el precio que usted estaría dispuesto a pagar.

P: ¿Cuál es la respuesta correcta?
R: La opción A es incorrecta. En 2017, el precio pronosticado es mayor que el valor de una casa.

La opción B es incorrecta. En 2018, el precio pronosticado y el valor son aproximadamente iguales.

La opción C es incorrecta. En 2019, el precio pronosticado comienza a disminuir por debajo del valor del mercado.

La opción D es correcta. En 2020, el precio pronosticado se ubica más por debajo del valor del mercado. El dinero se aprovecharía mucho más en 2020.

Práctica guiada

Cuando analiza datos, debe tener cuidado de no confundir la correlación con la causalidad. A veces, dos variables o datos parecen estar correlacionados o tener una relación. Pueden aumentar o disminuir en una cantidad similar. O quizá ocurran al mismo tiempo. Eso no quiere decir que uno fue la causa del otro. La causalidad implica que existe una causa que directamente produce un resultado.

Tasas de empleo por grupo de edad y nivel educativo, 2014

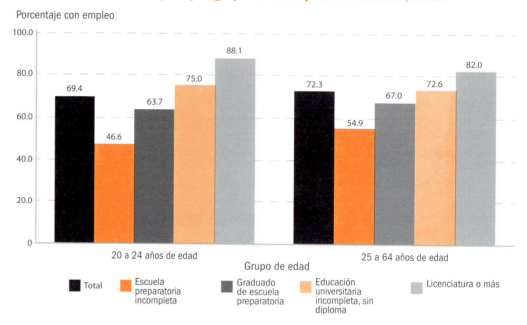

Pista: Primero observe el grupo de edad correspondiente.

1. ¿Cuál es la tasa de empleo de un hombre de 22 años con un grado asociado en administración de empresas?

   A. 46.6 %

   B. 75.0 %

   C. 82.0 %

   D. 88.1 %

Pista: Encuentre la barra que representa la tasa de empleo de Padma. Luego observe las barras a la derecha que representan una tasa de empleo mayor.

2. Padma tiene 37 años y completó su escuela preparatoria. ¿Cuál de las siguientes opciones aumentarían más sus posibilidades de obtener un empleo?

   A. Aprobar el examen de equivalencia de la escuela preparatoria.

   B. Completar un programa de certificación de un año de asistente dental.

   C. Asistir a un programa de educación superior técnica de dos años.

   D. Obtener una licenciatura.

Unidad 3: Economía

Lección 10
Promediar conjuntos de datos

En el examen de Estudios Sociales, quizá deba contestar preguntas sobre un conjunto de datos. Observe esta tabla de tasas de interés:

Tasas de interés hipotecario, 2015

Ene	Feb	Mar	Abr	May	Jun	Jul	Ago	Sep	Oct	Nov	Dic
3.67	3.71	3.77	3.67	3.84	3.98	4.05	3.91	3.89	3.80	3.94	3.96

Media: Para encontrar la media o promedio, divida el total de todos los valores por la cantidad de valores.

El total de los 12 valores es 46.19.
Media = 46.19 ÷ 12 = 3.849 ≈ 3.85

Mediana: La mediana es el número que está en medio en un conjunto de datos cuando estos están ordenados. Si hay un número impar de valores, encuentre la mediana de los dos números que están en medio.

3.67   3.67   3.71   3.77   3.80   3.84   3.89   3.91   3.94   3.96   3.98   4.05
Mediana = 7.73 ÷ 2 = 3.865 ≈ 3.87

Moda: La moda es el valor que ocurre con más frecuencia. Es posible que haya una o más modas o ninguna.

Moda = 3.67

Ejemplo de pregunta

¿Cuál es el rango del conjunto de tasas de interés hipotecario mensuales de 2015?

A. 0.29
B. 0.38
C. 3.67
D. 3.85

Análisis

P: ¿Qué es un rango de un conjunto de datos?
R: El rango es la diferencia entre el número menor y el número mayor dentro de un conjunto.

P: ¿Cómo se calcula el rango?
R: Encuentre el número mayor: 4.05. Encuentre el número menor: 3.67. Réstelos.

P: ¿Cuál es la respuesta correcta?
R: La opción A es incorrecta. Es la diferencia entre el primer y último número dentro del conjunto.

La opción B es correcta. Rango = 4.05 – 3.67 = 0.38.

La opción C es incorrecta. Es el número menor y también la moda del conjunto.

La opción D es incorrecta. Es la media del conjunto.

Promediar conjuntos de datos

Práctica guiada

El volumen de ventas de viviendas en Estados Unidos se acelera

■ Ventas de viviendas unifamiliares y condominios de enero a octubre

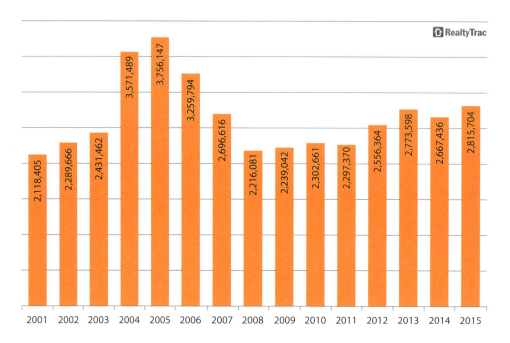

RealtyTrac

2,118,405 — 2001
2,289,666 — 2002
2,431,462 — 2003
3,571,489 — 2004
3,756,147 — 2005
3,259,794 — 2006
2,696,616 — 2007
2,216,081 — 2008
2,239,042 — 2009
2,302,661 — 2010
2,297,370 — 2011
2,556,364 — 2012
2,773,598 — 2013
2,667,436 — 2014
2,815,704 — 2015

Pista: Para encontrar la mediana, primero coloque los números en orden de menor a mayor.

1. ¿Cuál es la mediana de ventas de casas entre los años 2001 y 2015?
   A. 2,216,081
   B. 2,431,462
   C. 2,556,364
   D. 2,667,436

Pista: Solo hay una moda cuando hay valores que se repiten dentro de un conjunto.

2. ¿Cuál es la moda de las ventas de casas entre los años 2001 y 2015?
   A. 2,118,405
   B. 2,666,122
   C. 2,118,405 y 3,756,147
   D. No hay ninguna moda.

Escoja la mejor respuesta para cada pregunta.

Las preguntas 1 a 3 se refieren a la siguiente gráfica.

La gráfica muestra de qué manera aumentó el comercio electrónico como porcentaje de las ventas totales al por menor durante el período que va de 2004 a 2010.

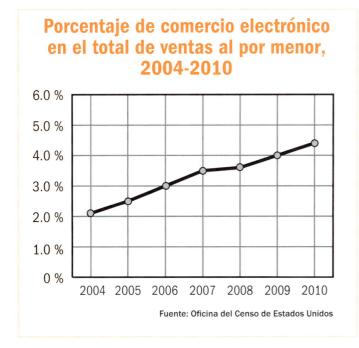

Porcentaje de comercio electrónico en el total de ventas al por menor, 2004-2010

Fuente: Oficina del Censo de Estados Unidos

1. ¿Cuánto aumentó el porcentaje de ventas electrónicas al por menor entre 2004 y 2010?

   A. 2.3 por ciento

   B. 4.4 por ciento

   C. 6.0 por ciento

   D. 8.6 por ciento

2. Si la tendencia se mantiene, ¿aproximadamente qué porcentaje de ventas totales al por menor provendrá del comercio electrónico para el año 2017?

   A. 4 por ciento

   B. 7 por ciento

   C. 10 por ciento

   D. 11 por ciento

3. ¿De qué manera esta gráfica contribuye a explicar por qué los estados quieren aplicar impuestos a las ventas al por menor realizadas por internet?

   A. Demuestra que en 2010 el comercio electrónico representaba el 4 % del total del comercio al por menor.

   B. Muestra que a las personas les agrada la comodidad de comprar en línea.

   C. Demuestra que más personas usan dispositivos móviles en lugar de computadoras de escritorio.

   D. Muestra que el comercio electrónico es una parte cada vez más importante de la economía.

Diversas autoridades federales y estatales regulan el crédito al consumo. Estos son algunos de los derechos que usted tiene como usuario de una tarjeta de crédito.

- Se le debe notificar con 45 días de antelación sobre cualquier aumento en las cuotas o tasas de interés.

- Si las tasas de interés aumentan, el ajuste solo se aplicará a las transacciones nuevas.

- Los pagos que superen el pago mínimo se deben aplicar primero a las transacciones con la tasa de interés más alta.

4. ¿Cuál de las siguientes actividades no es legal?

   A. Se le cobra una tasa de interés del 18 % en cada nueva transacción.

   B. La compañía emisora de la tarjeta le notifica que se aplicará una tasa de interés más alta dentro de dos meses.

   C. Su último estado de cuenta indica que aumentó la tasa de interés de la deuda pendiente.

   D. Usted paga el monto mínimo adeudado. El siguiente estado de cuenta indica que el pago se aplicó a la transacción con la tasa de interés más baja.

5. En un monopolio, una compañía es la única fabricante de un producto o prestadora de un servicio y no hay otra compañía alternativa. ¿Cuál de las siguientes opciones es un ejemplo de una compañía con un monopolio?

A. American Telephone & Telegraph, la única compañía telefónica del país hasta 1984

B. General Motors, el fabricante de automóviles más grande del país

C. Internet, una red global e informal de comunicación de computadoras

D. Samsung, el fabricante de teléfonos inteligentes más grande del mundo en 2013

6. La especialización se produce cuando una empresa, región o país se especializa en producir tipos específicos de productos o servicios, en vez de intentar elaborar todo tipo de productos.

¿Cuál sería *probablemente* el efecto de la especialización en el comercio mundial?

A. Reduciría el comercio entre los países.

B. Aumentaría el comercio entre los países.

C. Fomentaría la creación de zonas de libre comercio.

D. Promovería el uso de las tarifas.

7. Muchas instituciones y compañías han comenzado a explorar los océanos en búsqueda de la próxima generación de fármacos. Las plantas y animales marinos pueden ser la fuente de nuevas curas y de grandes ganancias para las compañías farmacéuticas.

¿Cuál de las siguientes opciones es *la más similar* a la investigación de los océanos que está ocurriendo actualmente?

A. Los científicos que estudian el océano Antártico descubrieron que la capa de hielo se está derritiendo más rápido de lo previsto.

B. Un grupo de astrónomos descubrió un planeta denominado Kepler-186f que tiene las mejores probabilidades hasta ahora de sustentar la vida, pero se halla a 500 años luz de la Tierra.

C. Un grupo de biólogos del Servicio de Pesca y Vida Silvestre de Estados Unidos está investigando maneras de salvar una especie en peligro de extinción: la carpa plateada, un pequeño pez no comercial.

D. Virgin Galactica está desarrollando una nave espacial para comercializar los viajes espaciales, primero para el turismo y luego para otros fines comerciales.

Las preguntas 8 y 9 se refieren a la siguiente gráfica.

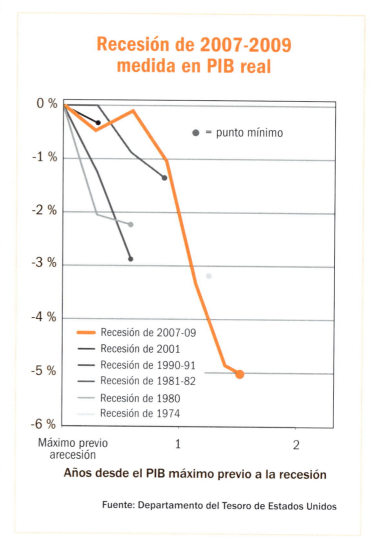

Recesión de 2007-2009 medida en PIB real

= punto mínimo

Recesión de 2007-09
Recesión de 2001
Recesión de 1990-91
Recesión de 1981-82
Recesión de 1980
Recesión de 1974

Máximo previo a recesión

Años desde el PIB máximo previo a la recesión

Fuente: Departamento del Tesoro de Estados Unidos

8. ¿Cuánto tiempo duró la recesión de 2007-2009?

A. 6 meses

B. 12 meses

C. 18 meses

D. 24 meses

9. ¿Cuánto disminuyó el PIB durante la recesión de 2007-2009?

A. 1 por ciento

B. 3.2 por ciento

C. 4.9 por ciento

D. 5.1 por ciento

Las preguntas 10 a 12 se refieren a la siguiente gráfica.

Un granjero planta 500 acres de maíz y piensa venderlo a $4.00 por cajón luego de cosecharlo. La gráfica de oferta y demanda refleja las expectativas del granjero.

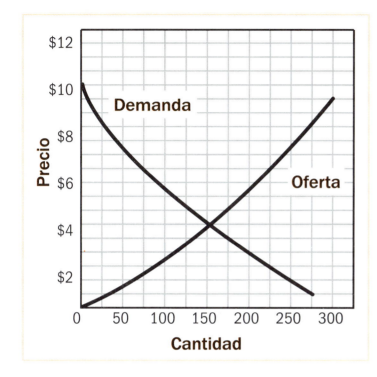

10. ¿Qué sucede si el granjero desea venderlo a $10.00 por cajón?

A. La demanda aumenta y el granjero produce más.

B. El granjero no llega a vender todo el maíz.

C. El granjero no puede producir un abastecimiento suficiente para satisfacer la demanda.

D. El granjero no vende nada de maíz.

11. ¿Qué ocurrirá *probablemente* cuando se alcance el punto de equilibrio (cuando las dos líneas se crucen)?

A. Toda la oferta de maíz se vende y se satisface toda la demanda.

B. El granjero vende el maíz a un precio suficiente para cubrir el costo que incurrió en producirlo.

C. El granjero vendió todo el maíz, pero la demanda no queda satisfecha.

D. Se satisface la demanda, pero queda un remanente de maíz.

12. Si la demanda fija el precio a $1.00, ¿cuánto maíz decidirá producir el granjero?

A. Decide no producir nada.

B. 50 unidades

C. 150 unidades

D. 250 unidades

Las preguntas 13 y 14 se refieren a la siguiente tabla.

La inflación es un índice que representa qué tan rápido aumentan los precios o, dicho de otra manera, qué tan rápido está cayendo el poder de compra. La deflación es el índice opuesto y mide qué tan rápido están cayendo los precios y aumentando el poder de compra. El siguiente cuadro muestra el porcentaje de inflación medido como un porcentaje de cambio con respecto al año anterior.

Año	Inflación (porcentaje de variación con respecto al año anterior)
2007	2.9
2008	4.1
2009	-0.7
2010	2.1
2011	3.6
2012	3.1
2013	1.4

Fuente: Oficina de Estadísticas Laborales de Estados Unidos

13. ¿Cuál es la mediana de la tasa de inflación para el período 2007-2013?

A. 2.4

B. 4.1

C. 2.9

D. 16.5

14. ¿En qué año el país experimentó una deflación?

A. 2008

B. 2009

C. 2011

D. 2013

Las preguntas 15 y 16 se refieren al siguiente pasaje.

En 1948, McDonald's creó un modelo único de negocios para operar un restaurante. Al limitar su menú a hamburguesas y algunos otros productos, se reducían los desperdicios. También se elevó la productividad de los trabajadores mediante la especialización. Cada restaurante de McDonald's tenía un especialista en frituras, otro en parrilla y otro en bebidas malteadas. El funcionamiento de todos los restaurantes estaba estandarizado a través de programas de capacitación para propietarios, gerentes y empleados de los locales.

15. ¿A qué se parece *más* la especialización de la producción de comida de McDonald's?

    A. un taller de fabricación de muebles hechos a la medida

    B. un programa de capacitación para gerentes

    C. un médico que se especializa en pediatría

    D. los empleos en una línea de ensamblaje en una fábrica

16. Desde el punto de vista del consumidor, ¿cuáles son las ventajas del tipo de especialización que ofrecen restaurantes como McDonald's?

    A. salarios bajos, pero horarios flexibles

    B. técnicas de producción estandarizada

    C. comida predecible a precios bajos

    D. mayor productividad de los trabajadores

Las preguntas 17 y 18 se refieren al siguiente pasaje.

Jackson tiene $250 para gastar en ropa. Ve una estupenda chaqueta de cuero que está en oferta por $239. Su amigo le dice que la chaqueta le queda muy bien. Sin embargo, necesita ropa para su nuevo empleo: camisas y pantalones. En vez de comprar la chaqueta, Jackson se compra dos pantalones y tres camisas. Con el dinero que le sobra, se compra una corbata.

17. ¿Qué oración del pasaje es una opinión?

    A. "Jackson tiene $250 para gastar en ropa".

    B. "La chaqueta le queda muy bien".

    C. "Necesita ropa para su nuevo empleo".

    D. "En vez de comprar la chaqueta...".

18. ¿Cuál es el costo de oportunidad de la elección de Jackson?

    A. las nuevas camisas y pantalones

    B. la corbata

    C. cómo le queda la chaqueta

    D. el nuevo empleo

Copyright 2002 by Randy Glasbergen.
www.glasbergen.com

"Pensar afuera de la caja no funcionó. Pensar adentro de la caja tampoco. Quizá la caja está defectuosa".

19. ¿A qué conclusión llegan los empresarios de la caricatura?

    A. Su idea para el negocio no es buena.

    B. Deben pensar en una nueva manera de desarrollar el negocio.

    C. Deben volver a sus inicios para desarrollar el negocio.

    D. No están esforzándose lo suficiente para desarrollar el negocio.

Nos hemos dado cuenta claramente de que la verdadera libertad individual no puede existir sin la independencia y seguridad económica. "El hombre con carencias no es un hombre libre". Las dictaduras surgen porque hay personas con hambre, personas... que han perdido su empleo.

—Presidente Franklin Roosevelt, discurso del Estado de la Unión, 1944

20. ¿Cuál de las siguientes opciones ilustra *mejor* la declaración del presidente Roosevelt?

A. la Revolución Estadounidense que condujo a la creación de Estados Unidos

B. el movimiento independentista que provocó la independencia de India en 1947

C. la Guerra Civil entre el Norte y el Sur de Estados Unidos

D. la Revolución Bolchevique que dio origen al comunismo en Rusia

21. El país X puede producir 20 libras de arroz o 4 libras de nueces pecanas. El país Y puede producir 1 libra de arroz o 1 libra de nueces pecanas. Si los países firmaran un acuerdo comercial, ¿qué debería producir el país Y?

A. arroz, pero no nueces pecanas

B. nueces pecanas, pero no arroz

C. arroz y nueces pecanas

D. ni arroz ni nueces pecanas

22. La demanda de un producto debe estar respaldada por la capacidad de pagarlo. Esto se suele llamar "demanda efectiva". A menos que las personas puedan pagar un producto, la demanda de ese producto no existe.

¿Qué puede concluir acerca de la demanda efectiva?

A. La oferta es el principal factor que afecta la demanda.

B. A medida que aumentan los salarios, cae la demanda efectiva de productos.

C. Durante una recesión, disminuye la demanda efectiva de productos de lujo.

D. La demanda efectiva de alimentos aumenta marcadamente con el aumento en los ingresos.

Las preguntas 23 y 24 se refieren a la siguiente gráfica.

23. ¿Qué porcentaje aproximado de empleos requieren estudios más allá de la escuela preparatoria?

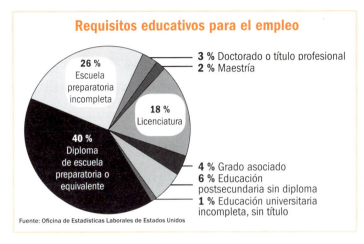

Requisitos educativos para el empleo

- 26 % Escuela preparatoria incompleta
- 3 % Doctorado o título profesional
- 2 % Maestría
- 18 % Licenciatura
- 40 % Diploma de escuela preparatoria o equivalente
- 4 % Grado asociado
- 6 % Educación postsecundaria sin diploma
- 1 % Educación universitaria incompleta, sin título

Fuente: Oficina de Estadísticas Laborales de Estados Unidos

A. un décimo

B. un tercio

C. la mitad

D. tres cuartos

24. Basándose en esta gráfica, Jeremy decide que realmente no necesitará un diploma de equivalencia de escuela preparatoria. ¿Por qué el razonamiento de Jeremy está equivocado?

A. El 26 % de los empleos no requieren un diploma de escuela preparatoria o su equivalente.

B. Puede comenzar a trabajar de inmediato y obtener un ingreso ahora.

C. Con el tiempo, habrá más empleos disponibles para las personas que no tengan un título.

D. Los empleos que no requieren un título, por lo general, no tienen una buena remuneración ni ofrecen buenas oportunidades para progresar en el empleo.

Las preguntas 25 a 27 se refieren a la siguiente gráfica.

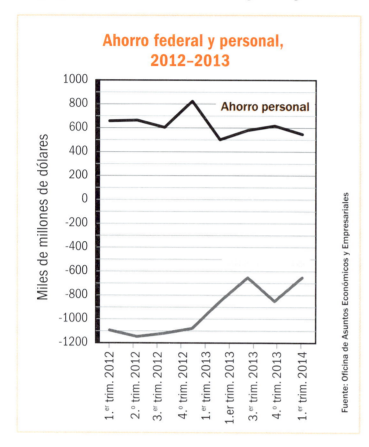

Ahorro federal y personal, 2012–2013

Ahorro personal

Miles de millones de dólares

Fuente: Oficina de Asuntos Económicos y Empresariales

25. ¿En el trimestre de qué año el ahorro personal se ubicó en el punto más alto?

   A. Primer trimestre de 2012

   B. Cuarto trimestre de 2012

   C. Primer trimestre de 2013

   D. Cuarto trimestre de 2013

26. ¿Cuál fue la diferencia aproximada entre el ahorro personal y el ahorro federal en el segundo trimestre de 2012?

   A. $650,000 millones

   B. –$1,200,000 millones

   C. $1,810,000 millones

   D. –$650,000 millones

27. La economía se estaba recuperando de una grave recesión en 2012 y 2013. ¿De qué manera un déficit fiscal podría ayudar al país a salir de la recesión?

   A. Un déficit federal alienta a las personas a ahorrar.

   B. Cuando hay un déficit se desalienta el gasto.

   C. Un déficit genera confianza y las personas gastan más.

   D. El gasto federal lleva dinero a la economía.

¿Cuánto dura una persona jubilada?

Japón

Estados Unidos

Reino Unido

Canadá

Alemania

CANTIDAD PROMEDIO DE AÑOS

HOMBRES
MUJERES

Fuente: Organización para la Cooperación y el Desarrollo Económico

28. ¿Qué generalización se puede extraer de la gráfica?

   A. Las mujeres pasan más años jubiladas que los hombres.

   B. Los hombres se jubilan antes que las mujeres.

   C. La jubilación dura más en Estados Unidos que en otros países.

   D. Las mujeres son más sanas que los hombres.

29. Una de las herramientas monetarias de la Reserva Federal es la manipulación de la tasa de descuento, es decir, la tasa de interés que se cobra a los bancos por los préstamos. Cuanto más baja la tasa de interés, más dinero prestado pedirán los bancos para financiar sus operaciones, como ofrecer hipotecas a los compradores de viviendas y préstamos para ampliar negocios.

¿Cuál sería el efecto si la Reserva Federal aumentara la tasa de descuento?

   A. La economía se enlentecería porque los negocios invertirían menos en equipos e inventario.

   B. Los bancos tendrían más dinero disponible para otorgar préstamos.

   C. Sería más fácil obtener préstamos hipotecarios y la economía se expandiría.

   D. Las personas tendrían más confianza en la economía y gastarían más.

Unidad 4: La geografía y el mundo

Civilizaciones clásicas

Las primeras civilizaciones se desarrollaron lentamente y avanzaron con grandes dificultades. A lo largo de toda su travesía, fueron impulsadas por la geografía. Lea este pasaje sobre el surgimiento de las primeras civilizaciones avanzadas.

Los primeros pueblos vivían de la caza de animales y la recolección de frutos y otros alimentos silvestres. Este estilo de vida exigía una vida nómada puesto que las personas se trasladaban siguiendo a las manadas de animales y buscando las plantas silvestres que necesitaban. Luego, unos 10,000 años atrás, el hombre descubrió que podía cultivar los alimentos por sí mismo. Este descubrimiento le permitió establecerse en un lugar. Así, se crearon pequeños asentamientos permanentes. Más tarde, poco más de 6,000 años atrás, la primera civilización altamente desarrollada surgió a lo largo de los ríos Tigris y Éufrates en la Mesopotamia. Miles de personas se congregaron en ese lugar, construyeron ciudades y crearon sofisticadas obras de arte. Al poco tiempo, surgieron otras tres civilizaciones primitivas: la civilización del valle del Indo a lo largo del río Indo en India y Pakistán, la civilización egipcia a lo largo del río Nilo, y la civilización china a lo largo del río Amarillo.

Ejemplo de pregunta

¿Por qué estas cuatro civilizaciones primitivas se desarrollaron a lo largo de sistemas fluviales?

A. Los ríos mantenían el clima fresco y más habitable que en otras áreas.

B. Los ríos les permitían cultivar suficiente alimento para alimentar a una población numerosa.

C. Los ríos servían como punto de referencia para que las personas pudieran ubicar otros pueblos cerca de ellos.

D. La belleza de los ríos inspiró a las personas a crear magníficas obras de arte y una civilización más avanzada.

Análisis

P: ¿Qué actividad constituyó el enfoque principal de los pueblos primitivos?
R: Buscar alimento.

P: ¿Qué permitió a los pueblos vivir en asentamientos permanentes?
R: Aprendieron a cultivar.

P: ¿Cuál es la respuesta correcta?
R: La opción A es incorrecta porque muchos lugares lejos de los grandes ríos también tenían climas habitables.

La opción B es correcta. Los ríos permitían irrigar y cosechar grandes cultivos para que más personas pudieran vivir en una misma área.

La opción C es incorrecta. Las montañas, valles, océanos y otros accidentes geográficos igualmente servirían como puntos de referencia.

La opción D es incorrecta porque otras regiones y accidentes geográficos también servirían de inspiración.

Práctica guiada

A las primeras civilizaciones les siguieron muchas otras, en particular, en el Medio Oriente. Una de las civilizaciones más pequeñas, pero más influyente, fue la fenicia.

La antigua civilización fenicia se desarrolló hace unos 4,500 años a lo largo de la costa este del Mediterráneo, en el área que hoy en día ocupa el Líbano. Fenicia no era una nación unificada sino de un grupo de ciudades-estado independientes. Nunca se transformaron en una potencia militar, como sus vecinos cercanos: los sumerios, acadios, hititas y egipcios, pero tuvieron una influencia enorme en toda la región del Mediterráneo.

Los fenicios fueron excelentes navegantes y comerciantes. Sus flotas navegaron por todo el Mediterráneo, llegando incluso al Atlántico. Fundaron colonias en el norte de África, España y en las islas Rodas y Chipre. Sus embarcaciones llevaban fino lino, madera de excelente calidad, oro, marfil, vino y otros artículos de lujo del mundo antiguo. Se decía que habían inventado el vidrio y elaboraron una tintura púrpura llamada púrpura tiria, que terminó asociándose con el color usado por la realeza. Pero lo que hizo que los fenicios cobraran tanta importancia, en la antigüedad y en la modernidad, fue la invención del alfabeto. Más tarde, este se importó a Grecia y hoy en día es la base del alfabeto usado en la mayor parte del mundo occidental.

Pista: ¿Cuál fue la base de la civilización fenicia? ¿De qué manera habría ayudado la escritura?

1. ¿Por qué un alfabeto y la capacidad de escribir habrían sido importantes para comerciantes marítimos como los fenicios?
   A. Los marineros querían escribir acerca de sus aventuras en el mar.
   B. Las familias querían escribir cartas a otros familiares que vivían en las colonias.
   C. Debían registrar la carga de sus embarcaciones y las transacciones.
   D. Debían escribir para comunicarse con los poderosos vecinos que vivían a su alrededor.

Pista: Piense por qué los acontecimientos que ocurrieron hace tanto tiempo todavía son importantes para nosotros. ¿Qué influencia tienen todavía sobre nosotros?

2. ¿Cuál es la manera *más importante* en la que la navegación contribuyó a la importancia histórica de los fenicios?
   A. Consiguieron acumular una gran riqueza a partir del comercio.
   B. Su conocimiento del mar los hizo independientes de las poderosas naciones vecinas.
   C. Fueron muy recordados porque viajaron a muchos lugares.
   D. Fueron capaces de difundir sus ideas y el alfabeto en una gran área.

Pista: Vuelva a leer el artículo y resuma la idea principal en una oración breve.

3. ¿Cuál sería el *mejor* título para este artículo?
   A. La invención del alfabeto
   B. El color de los reyes
   C. Comerciantes antiguos del Medio Oriente
   D. Civilizaciones del mar Mediterráneo

Unidad 4: La geografía y el mundo

El medio ambiente y la sociedad

calentamiento global: aumento en las temperaturas atmosféricas y oceánicas debido al aumento de determinados gases provocado por la actividad humana

Cada sociedad, sin importar cuán primitiva sea, vive inmersa en el medio ambiente. Incluso las actividades básicas, como cortar árboles para hacer leña o construir chozas, afectan a la naturaleza. A medida que los seres humanos fueron incorporando tecnología, los efectos aumentaron al punto de que ahora la naturaleza es incapaz de recuperarse de todos los cambios. Desde que la Revolución Industrial comenzó alrededor de 1760, uno de tales efectos es el **calentamiento global,** es decir, el calentamiento gradual de la Tierra.

David Fitzsimmons, *The Arizona Star*, 14 de agosto de 2012
1. "Liderazgo medioambiental... liderazgo medioambiental... lid...".

Ejemplo de pregunta

¿Cuál es el mensaje principal de esta caricatura política?

A. Estados Unidos está al borde de la muerte por la falta de liderazgo medioambiental.

B. Estados Unidos está avanzando hacia una solución tecnológica de sus problemas.

C. Estados Unidos tiene un plan para que la naturaleza se recupere del daño sufrido.

D. Estados Unidos está pasando hambre por su compromiso con el medio ambiente.

Análisis

P: ¿Dónde está la imagen de Estados Unidos en esta caricatura?
R: en un desierto

P: ¿Qué significa que Estados Unidos tenga la lengua de fuera?
R: Se está muriendo de sed.

P: ¿Qué representa el buitre?
R: la muerte

P: ¿Cuál es la respuesta correcta?
R: **La opción A es correcta. Estados Unidos está al borde de la muerte a causa del clima caluroso y seco, que representa la falta de liderazgo medioambiental.**

La opción B es incorrecta. El tono general de la caricatura es negativo y no hay ninguna representación de la tecnología.

La opción C es incorrecta. La caricatura no representa un plan para revertir el daño.

La opción D es incorrecta. Estados Unidos está sufriendo por la falta de compromiso con el medio ambiente.

Práctica guiada

Si bien algunos países europeos habían establecido colonias en África desde mucho antes, alrededor del año 1870 se produjo un importante auge en la colonización. Los países europeos se estaban industrializando a un ritmo acelerado y necesitaban fuentes de materias primas. Regiones enteras de África fueron engullidas por el avance de la colonización en apenas unas pocas décadas. Un efecto de esta colonización fue la forma en que los países europeos se dividieron el continente y trazaron fronteras sin tener en cuenta las conexiones tribales que existían entre los africanos. El resultado fue que numerosos grupos homogéneos quedaron separados y fueron forzados a formar colonias con grupos con los que, en el mejor de los casos, tenían relaciones frágiles. Todo esto provocó conflictos que continúan hasta hoy en día. A mediados del siglo XX, los movimientos independentistas se expandieron por toda África y se llevó adelante un proceso de descolonización, como muestran los siguientes mapas.

1950   1960   2006

Clave ■ Colonias   ▨ Países independientes

Pista: Encuentre el mapa de 1950 y observe la clave. ¿Qué color se usa para indicar las regiones de África que eran colonias?

1. ¿Aproximadamente qué porcentaje del territorio africano estaba colonizado en 1950?
   A. 10 por ciento
   B. 30 por ciento
   C. 50 por ciento
   D. 90 por ciento

Pista: Piense en lo que sabe acerca de las colonias. ¿Quién gobierna, la colonia o el poder colonial?

2. Gran parte de África se independizó en solo 10 años. ¿Qué palabras describirían *mejor* el efecto de una descolonización tan rápida para muchos de estos países?
   A. tradiciones democráticas fuertemente arraigadas
   B. preparación insuficiente para autogobernarse
   C. buena preparación para autogobernarse
   D. potencias ricas y altamente industrializadas

Unidad 4: La geografía y el mundo

Las fronteras entre las personas y los países

> **región:** área geográfica que se distingue de otras por sus características físicas, clima, población, dialecto u otras características

Cada **región** tiene cualidades únicas. La región norte del medio oeste de Estados Unidos es muy distinta de su parte sur, el sureste no se puede confundir con el este. El noroeste, el oeste y el suroeste tienen características físicas, culturas y estilos de vida muy diferentes. La región de los Apalaches en el este del país es distinta de las regiones este, sur y sureste con las que colinda.

Los Apalaches conforman una región singular en el este de Estados Unidos. Una gran parte de la región es inhóspita y se debe acceder a ella por caminos angostos y sinuosos. Este aislamiento ha tenido sus efectos en la geografía humana de los Apalaches. Una forma en que se puede comprobar la singularidad de la región es a través de su idioma. El aislamiento de esta región, establecida en el siglo XVIII por colonos provenientes de Escocia, Irlanda e Inglaterra, contribuyó a preservar el idioma de estos primeros habitantes. Si bien estos mismos grupos de pobladores se establecieron también en otros lugares, allí el idioma se vio influenciado por el movimiento de personas, la mezcla de inglés hablado por los recién llegados y los que residían desde hace mucho tiempo, y por la comunicación con lugares distantes del país. El idioma evoluciona en estas situaciones y el inglés moderno se desarrolló. Pero la lejanía de los Apalaches ayudó a aislar la región y preservó las características de la dicción y gramática de los primeros colonos. Cuando se escucha "we're a-going to the store" o "the ones that goes there", no se está hablando incorrectamente el inglés. Se está escuchando una forma del inglés parcialmente similar a lo que se hablaba hace tres siglos o más.

Ejemplo de pregunta

¿De qué forma el medio ambiente influyó sobre los habitantes de los Apalaches?

A. Los forzó a mantener contacto estrecho con las regiones cercanas.

B. No les permitió viajar a otras partes de los Apalaches.

C. Hizo que hablaran una forma más antigua del inglés.

D. Contribuyó a aislarlos de las influencias externas.

Análisis

P: Según el pasaje, ¿cuál es la característica singular del medio ambiente de los Apalaches?

R: Es remoto y aislado.

P: ¿De qué forma la lejanía influyó en el idioma?

R: No ha permitido que el idioma evolucione con la misma rapidez que el de otras regiones.

P: ¿Cuál es la respuesta correcta?

R: La opción A es incorrecta. La lejanía de la región no los forzó a mantener contacto estrecho con otras regiones, sino que los aisló.

La opción B es incorrecta. El medio ambiente les dificultó viajar, pero no les impidió a los habitantes moverse.

La opción C es incorrecta. El aislamiento enlenteció la evolución del inglés, pero no causó que hablaran una forma más antigua del idioma.

La opción D es correcta. La lejanía de los Apalaches impidió que se comunicaran fácilmente con habitantes de otras regiones.

Las fronteras entre las personas y los países

Práctica guiada

Los mapas ofrecen diversas maneras de entender la geografía. Pueden mostrar características físicas de la tierra, divisiones políticas y ciudades, caminos, densidad de la población, resultados de elecciones, etc. Los mapas incluyen diversas herramientas para ayudar a los lectores a entender qué muestran. El siguiente mapa básico muestra las fronteras de los estados y las principales ciudades. Incluye herramientas para indicar los puntos cardinales y una escala en millas para permitir la estimación de distancias en el mapa.

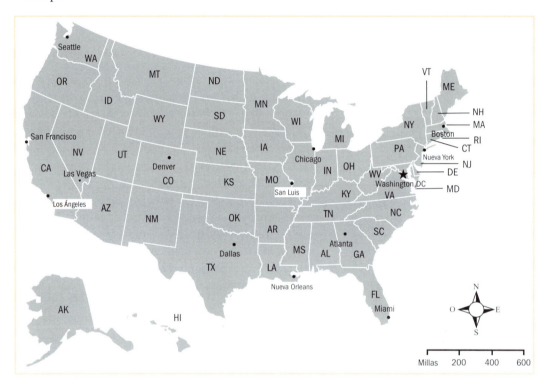

Pista: Encuentre la rosa náutica en el mapa. ¿Qué punto cardinal está a la izquierda del mapa?

1. Si viajara de Atlanta a Los Ángeles, ¿en qué dirección estaría viajando?

   A. norte

   B. este

   C. oeste

   D. sur

Pista: Encuentre la escala en millas en el mapa y úsela para estimar la distancia.

2. ¿Qué distancia aproximada hay entre San Luis y Washington, D.C.?

   A. 600 millas

   B. 900 millas

   C. 1,200 millas

   D. 1,800 millas

Unidad 4: La geografía y el mundo

Migración humana

<table>
<tr><td>

migración humana:
proceso por el cual
las personas se
mudan de un lugar
del mundo a otro con
el fin de establecerse
permanentemente

</td></tr>
</table>

Uno de los temas recurrentes en geografía es la **migración humana**. La historia comienza con los primeros seres humanos. Surgieron por primera vez en África y desde ahí se diseminaron por todo el mundo. En el siguiente artículo se resume un breve relato de cómo la migración ha evolucionado.

Los primeros seres humanos, *Homo sapiens*, probablemente se originaron en Etiopía, al este de África, unos 200,000 años atrás, que es el lugar donde se encontraron los restos humanos más primitivos. Desde ahí, se propagaron a otras partes de África, pero permanecieron en ese continente por algo más de 100,000 años. Estos primeros humanos eran cazadores y recolectores, y se trasladaban continuamente siguiendo a las manadas de animales y buscando las plantas comestibles que necesitaban para su subsistencia. Luego, aproximadamente 70,000 años atrás, los humanos comenzaron a salir del continente africano. Se estima que se produjo un importante acontecimiento climático que motivó este movimiento, quizá asociado con la era de hielo que estaba ocurriendo en la Tierra en esta época.

Los humanos migraron cruzando un estrecho en el noreste de África y se trasladaron hacia el este, siguiendo la línea costera hacia India y el sureste de Asia. Llegaron a Australia hace unos 50,000 años. Poco después, otra oleada de humanos se trasladó de África a la región sur de Asia central. Desde allí, algunos se fueron hacia el oeste, a Europa, y otros hacia el este, a Asia. Hace unos 20,000 a 30,000 años, los habitantes de Asia migraron al continente americano, con lo cual los asentamientos humanos llegaron a todo el mundo.

Ejemplo de pregunta

¿Cuándo se establecieron los primeros humanos en Europa?

A. antes de que los humanos llegaran a Asia

B. después de que los humanos llegaran al continente americano

C. después de que los humanos ingresaran a Asia Central

D. antes de que los humanos llegaran a Australia

Análisis

P: ¿A dónde fueron primero los humanos al salir de África?
R: a India y el sureste de Asia

P: ¿Hacia dónde se dirigió la segunda oleada de migración?
R: a la región sur de Asia Central

P: ¿De qué migración se separaron los europeos?
R: la migración que se dirigía a la región sur de Asia Central

P: ¿Cuál es la respuesta correcta?
R: La opción A es incorrecta. India fue una de las primeras áreas donde se asentaron después de África.

La opción B es incorrecta. El continente americano fue el último en ser poblado.

La opción C es correcta. La rama europea se dividió de la segunda migración, que había llegado a la región sur de Asia Central.

La opción D es incorrecta. Los humanos llegaron a Australia hace 50,000 años, antes de que migraran a Asia Central.

Práctica guiada

La geografía es el estudio de la tierra. Comprende conocer acerca de las características físicas de la superficie terrestre, así como de las personas que viven en ella y de qué manera afectan y son afectadas por el mundo. Una parte de la geografía consiste en estudiar la cultura de los grupos y otro aspecto de la **cultura** es el idioma y cómo cambia por el movimiento y la interacción de las personas.

Hoy en día, en California, el idioma predominante es el inglés, pero antes de la llegada de los colonizadores europeos a la región, los indígenas norteamericanos hablaban sus propios idiomas. La forma en que cambió el idioma predominante de lenguas indígenas al inglés es un ejemplo de **difusión cultural,** que es la dispersión de la cultura. Puede producirse a raíz de la migración, el comercio, la comunicación y otros factores. Estudie el mapa de familias de lenguas indígenas norteamericanas que predominaron en la región de California en el pasado.

cultura: forma de vida que caracteriza a un grupo de personas

difusión cultural: expansión de la cultura de un lugar a otro

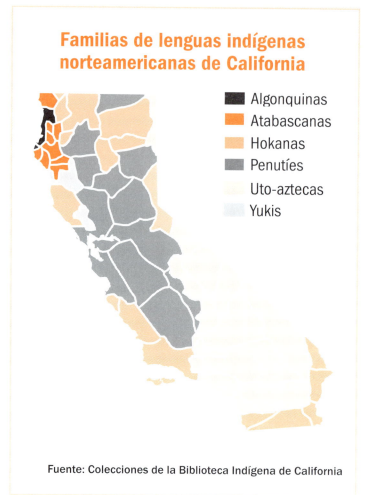

Familias de lenguas indígenas norteamericanas de California

- ■ Algonquinas
- ■ Atabascanas
- Hokanas
- Penutíes
- Uto-aztecas
- Yukis

Fuente: Colecciones de la Biblioteca Indígena de California

Pista: Compare las áreas sombreadas del mapa con la clave.

1. ¿Cuáles eran las dos familias predominantes de lenguas indígenas norteamericanas en California?

    A. penutíes y uto-aztecas

    B. atabascanas y hokanas

    C. yukis y algonquinas

    D. hokanas y penutíes

Pista: ¿Qué hace que cambie la forma de pensar o de vivir de las personas?

2. La difusión cultural inició en California incluso mientras los idiomas indígenas aún predominaban como resultado del comercio y otras relaciones con los europeos. ¿Qué acontecimiento describe la difusión cultural?

    A. Los comerciantes se enriquecieron como consecuencia del comercio con los indígenas norteamericanos.

    B. Los comerciantes se rehusaron a venderles productos a los indígenas norteamericanos.

    C. Los pueblos indígenas hicieron hincapié en mantener sus propias tradiciones.

    D. El comercio introdujo nuevas ideas, herramientas y maneras de actuar.

Unidad 4: La geografía y el mundo

Credibilidad de una fuente

Cuando leyó sobre la migración humana en la unidad 4, quizá haya pensado que se trataba de algo que ocurría solo en el pasado. Lea el siguiente párrafo:

> Actualmente estamos atravesando por la mayor migración mundial de la historia. En 2014, 59.5 millones de personas se vieron forzadas a abandonar sus hogares debido a "persecución, conflictos, violencia generalizada o violaciones de derechos humanos", según las Naciones Unidas. El año pasado, más de 50 millones de personas se mudaron. Muchas de estas personas arriesgaron su vida para cruzar rutas peligrosas por tierra o agua hasta llegar a un lugar seguro para vivir.

Fuente: Tendencias mundiales, Alto Comisionado de las Naciones Unidas para los Refugiados, 2014, http://unhcr.org/556725e69.html

¿Cree en esta información? ¿Por qué? Hay varias cosas que puede buscar para ayudarle a determinar si una fuente es creíble o confiable.

- ¿Esta información está actualizada? Fíjese si la información es reciente.
- ¿Puede verificar la información? Consulte las fuentes citadas para confirmar los hechos.
- ¿El autor es confiable e imparcial? Fíjese quién escribió la información.

El contenido de un libro de texto recientemente publicado o extraído de un sitio web gubernamental que es actualizado periódicamente probablemente es confiable. El contenido escrito por alguien que apoya una determinada opinión, como la columna editorial de un periódico o un artículo de un blog, quizá tenga prejuicios. Lea el texto cuidadosamente y busque las pistas que le indiquen si se puede confiar en el autor.

Ejemplo de pregunta

¿Cuál de las siguientes fuentes probablemente sea la menos confiable?

A. un artículo sobre cambio climático en el sitio web de Encyclopædia Britannica® Online

B. un artículo de un periódico local sobre cambio climático firmado por Associated Press

C. un blog muy conocido escrito por un científico acreditado que cita las fuentes de sus datos

D. un sitio web sobre cambio climático que está patrocinado por publicidad

Análisis

P: ¿Qué pregunta se formula?
R: ¿Cuál de las fuentes no es confiable?

P: ¿A qué cosas debe prestar atención?
R: información desactualizada, hechos que no se pueden confirmar y posible prejuicio

P: ¿Cuál es la opción menos confiable?
R: La opción A es incorrecta. Una enciclopedia respetada probablemente es una buena fuente de información.

La opción B es incorrecta. El respaldo de AP indica que el artículo proviene de una fuente informativa confiable.

La opción C es incorrecta. Un blog puede mostrar prejuicios, pero un científico que muestra sus credenciales académicas y cita las fuentes de los datos probablemente es creíble.

La opción D es correcta. Es posible que un sitio web que está apoyado por publicidad contenga información proporcionada por quienes la financian o respalde sus ideas. Esa información puede ser parcial.

Práctica guiada

Un grupo de científicos desenterró recientemente una rueda de 3,000 años de antigüedad que se encontraba casi intacta y que habría sobrevivido a un incendio ocurrido hace mucho tiempo, en un sitio que ahora es conocido como "la Pompeya británica".

Quizá parezca un extraño caso arqueológico, pero se trata de un hallazgo fascinante. Maev Kennedy, del periódico The Guardian, la llamó "la rueda de la Edad de Bronce más grande y más perfectamente conservada que se haya descubierto jamás en el Reino Unido". La rueda, fabricada en roble, se encuentra en tal estado de conservación que incluye el eje y ha generado un gran entusiasmo ya que amplía el conocimiento sobre la tecnología de la Edad de Bronce de una manera sin precedentes.

La rueda fue descubierta en Must Farm, en las afueras de Peterborough, al este de Inglaterra. El yacimiento alberga una impactante colección de objetos arqueológicos de la Edad de Bronce que solían ser usados en las casas que se asentaban sobre pilones en un río. Miles de años más tarde, el sitio se transformó en una cantera de arcilla que no cesa de asombrar a los arqueólogos. En Must Farm ya se desenterraron casas que alguna vez habían estado abarrotadas de objetos, desde ropa, alimentos hasta restos humanos. Esta rueda es uno de los últimos descubrimientos más emocionantes.

Se piensa que estaba colgada en la pared de una casa sobre pilones que se cayó al río durante un voraz incendio que habría ocurrido entre 1000 y 800 a. C. Los arqueólogos creen que la rueda podría haber sido llevada al interior de una casa para ser reparada, pero que pertenecía a un carro que los antiguos habitantes de la zona usaban en la orilla del río. Si bien los investigadores ya sabían que los residentes del pueblo construían sus casas sobre el agua, la rueda ofrece nuevos eslabones a la vida costera y sugiere que el pueblo estaba conectado con otra gran comunidad en las cercanías.

—Smithsonian.com

> **Pista:** ¿Se han encontrado otros objetos arqueológicos verificados en las cercanías?

1. ¿Cuál de las siguientes oraciones del artículo ofrece un fundamento creíble de que la rueda realmente pertenece a la Edad de Bronce?

   A. Maev Kennedy, del periódico *The Guardian*, la llamó "la rueda de la Edad de Bronce más grande y más perfectamente conservada que se haya descubierto jamás en el Reino Unido".

   B. La rueda, fabricada en roble, se encuentra en tal estado de conservación que incluye el eje y ha generado un gran entusiasmo ya que amplía el conocimiento sobre la tecnología de la Edad de Bronce de una manera sin precedentes.

   C. El yacimiento alberga una impactante colección de objetos arqueológicos de la Edad de Bronce que solían ser usados en las casas que se asentaban sobre pilones en un río.

   D. Esta rueda es uno de los últimos descubrimientos más emocionantes.

> **Pista:** Recuerde: una fuente primaria es un informe de primera mano o una obra de creación de una época determinada.

2. ¿Qué posible fuente primaria podría verificar cómo se usaba originalmente la rueda?

   A. un artículo en un libro de texto de Estudios Sociales sobre la Edad de Bronce

   B. un grabado de la Edad de Bronce que muestra un carro con una rueda similar

   C. el discurso de un arqueólogo acerca de herramientas de la Edad de Bronce

   D. una cita de una persona en Peterborough, que explique cómo se podría sujetar la rueda en un carro

Práctica de la unidad 4: La geografía y el mundo

Escoja la mejor respuesta para cada pregunta.

1. Siberia es la región que se ubica al noreste de Rusia. Tiene un clima frío que llega a ser subártico en algunos lugares. En 1905, el ferrocarril transiberiano comunicaba a Siberia, una región escasamente habitada y con abundantes recursos naturales, con las áreas más densamente pobladas del oeste de Rusia.

   ¿Cuál fue probablemente la consecuencia de construir el ferrocarril transiberiano?

   A. el desarrollo minero e industrial en Siberia

   B. el establecimiento de la agricultura en Siberia

   C. la reubicación de la capital del país desde el oeste de Rusia a Siberia

   D. la emigración de rusos a los Estados Unidos

En 1909, Israel Zangwill escribió una obra teatral acerca de los inmigrantes que llegaban a Estados Unidos llamada *El crisol*.

Es el gran crisol donde todas las razas de Europa se funden y reforman. Aquí están ustedes, buenos hombres... en Ellis Island... Allí están en sus cincuenta grupos, con sus cincuenta idiomas e historias, y sus cincuenta rivalidades y odios. Pero no estarán así por mucho tiempo... ¡Alemanes y franceses, irlandeses e ingleses, judíos y rusos, todos ellos en el crisol con todos ustedes! Dios está creando al estadounidense.

—Israel Zangwill, *El crisol,* 1909

2. ¿Cuál es el significado de "crisol"?

   A. las diversas culturas que se unen y transforman a la cultura estadounidense en una cultura diversa

   B. la forma en que los inmigrantes se transforman en un único pueblo: los estadounidenses

   C. la oportunidad que todos los inmigrantes tienen de prosperar y construir una nueva vida

   D. la pérdida de identidad que experimentan muchos nuevos inmigrantes

Las preguntas 3 a 5 se refieren a la siguiente información.

La Gran Migración fue el traslado de afroamericanos de la zona rural del Sur a las grandes ciudades del Norte. La mayor parte de la migración se produjo entre 1916 y 1980.

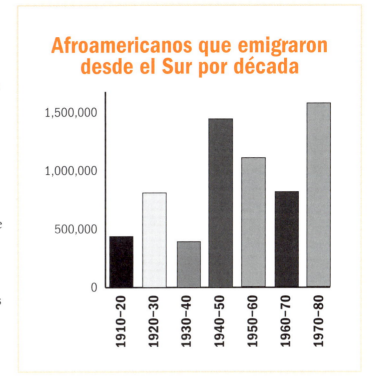

Afroamericanos que emigraron desde el Sur por década

3. ¿En qué momento la Gran Migración alcanzó su máximo apogeo?

   A. 1910-1920

   B. 1930-1940

   C. 1940-1950

   D. 1970-1980

4. ¿Cuál puede haber sido la causa de la reducción de la migración en la década de 1930?

   A. la Gran Depresión

   B. la Primera Guerra Mundial

   C. la Guerra de Corea

   D. la Gran Recesión

5. ¿Qué problema habrá afectado *probablemente* a los negros del Sur que se mudaban a las ciudades del Norte?

   A. leyes discriminatorias en contra de los negros

   B. falta de familiaridad con la vida citadina

   C. mecanización del trabajo agrícola

   D. costo del transporte

La pregunta 6 se refiere al siguiente pasaje.

Durante el Paleolítico, una era que se ubica alrededor del 9000 a. C., todos los seres humanos vivían en pequeños grupos emparentados entre sí. Fabricaban herramientas y armas, como perforadoras, cuchillos y puntas de flechas, valiéndose de piedras y huesos. Algunos de estos elementos tenían una decoración muy sofisticada. Recolectaban alimentos ya que la agricultura no había sido todavía desarrollada. Los hombres cazaban y pescaban y las mujeres recolectaban plantas, frutas y semillas comestibles. Las mujeres también procesaban las pieles de animales y tallaban madera para elaborar objetos de uso doméstico. Los artistas del Paleolítico pintaban imágenes realistas de animales que cazaban, como bisontes y renos, en las paredes de las cuevas.

La cultura paleolítica sobrevivió en áreas aisladas incluso en la época moderna. Por ejemplo, algunos pueblos autóctonos de la selva amazónica aún vivían como nuestros antepasados del Paleolítico cuando los antropólogos tomaron contacto con ellos por primera vez y comenzaron a estudiarlos.

6. ¿Cuál de las siguientes opciones ofrecerá la mejor prueba de que el trabajo se dividía por género durante la era paleolítica?

   A. plantas silvestres comestibles

   B. diseños abstractos en las armas

   C. observación de grupos paleolíticos en la época moderna

   D. pinturas en las cavernas de bisontes y otros animales

7. Existe una tendencia en la construcción cada vez más usada en Estados Unidos y en el resto del mundo que está centrada en los edificios verdes. Estos edificios se construyen para aprovechar al máximo el consumo eficiente de energía y agua, a la vez que se usan materiales de construcción duraderos, que se pueden obtener de manera sustentable y que tienen un impacto general bajo sobre el medio ambiente.

   ¿En cuál de las siguientes opciones los defensores de la sustentabilidad medioambiental también se enfocarían?

   A. mantener bajas las tasas de interés hipotecario

   B. reducir los desechos domésticos y comerciales

   C. garantizar una buena iluminación

   D. reducir la densidad de la población en las principales ciudades

8. Los recursos renovables son aquellos que se pueden usar, pero que no se agotan. ¿Cuál de las siguientes fuentes de energía es renovable?

   A. energía solar

   B. gas natural

   C. carbón

   D. petróleo

Las preguntas 9 y 10 se refieren a la siguiente gráfica.

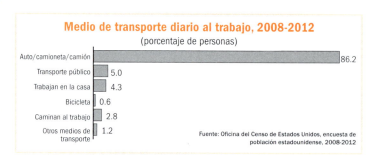

Medio de transporte diario al trabajo, 2008-2012
(porcentaje de personas)

Auto/camioneta/camión	86.2
Transporte público	5.0
Trabajan en la casa	4.3
Bicicleta	0.6
Caminan al trabajo	2.8
Otros medios de transporte	1.2

Fuente: Oficina del Censo de Estados Unidos, encuesta de población estadounidense, 2008-2012

9. ¿Qué porcentaje de trabajadores van a trabajar usando el transporte público?

   A. 86.2 por ciento

   B. 5 por ciento

   C. 4.3 por ciento

   D. 1.2 por ciento

10. ¿Qué conclusión se puede extraer de la gráfica acerca del viaje diario al trabajo en Estados Unidos?

    A. El transporte público está aumentando.

    B. Las personas prefieren ir a trabajar caminando.

    C. La mayoría de las personas prefieren no desplazarse a diario para ir a trabajar.

    D. Las personas prefieren ir a trabajar en auto.

11. Muchos de los habitantes de Estados Unidos nacieron en otros países. La siguiente gráfica muestra los estados donde viven estos residentes extranjeros.

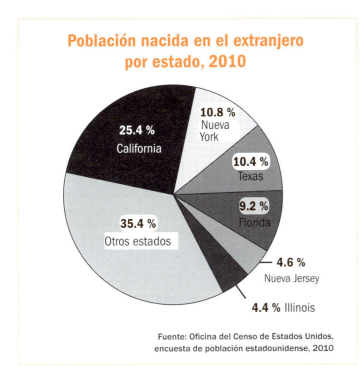

Población nacida en el extranjero por estado, 2010

- 25.4 % California
- 10.8 % Nueva York
- 10.4 % Texas
- 9.2 % Florida
- 4.6 % Nueva Jersey
- 4.4 % Illinois
- 35.4 % Otros estados

Fuente: Oficina del Censo de Estados Unidos, encuesta de población estadounidense, 2010

¿Qué se puede concluir de esta gráfica?

A. La mayoría de las personas nacidas en el exterior viven en California.

B. Los residentes extranjeros son el segmento de la población de más rápido crecimiento.

C. Más de un tercio de todos los residentes extranjeros viven en California y Nueva York.

D. La mayoría de los residentes nacidos en el extranjero se convierten en ciudadanos al cabo de algunos años.

12. La división continental es un límite imaginario que se traza a lo largo de una cadena montañosa. De un lado, los ríos fluyen en una dirección; del otro, el agua fluye en la dirección opuesta. En América del Norte, la división continental corre a lo largo de las Montañas Rocosas. El agua del lado oeste desemboca en el océano Pacífico y el agua del lado este desemboca en el océano Atlántico.

¿Cuál es el *mejor* título para este pasaje?

A. Las Montañas Rocosas

B. Un límite imaginario

C. ¿Qué es la división continental?

D. El flujo del agua

Las preguntas 13 y 14 se refieren al siguiente pasaje.

El Servicio Geológico de Estados Unidos (USGS) elabora y vende diferentes tipos de mapas:

- Los mapas topográficos muestran la forma y la elevación del terreno.
- Los mapas geológicos muestran la composición y la estructura de los materiales terrestres.
- Los mapas hidrológicos muestran la información relacionada con el agua, como planicies inundables, zonas irrigadas y acuíferos.
- Los mapas temáticos muestran información específica, como densidad de la población, zonas climáticas y productos agrícolas.

13. A Elena le interesa practicar alpinismo. ¿Qué tipo de mapa del USGS sería el *más* útil para ella?

A. mapa topográfico

B. mapa geológico

C. mapa hidrológico

D. mapa temático

14. Shelby quiere explorar Alaska en búsqueda de oro. ¿Qué tipo de mapa sería el más útil para ella?

A. mapa topográfico

B. mapa geológico

C. mapa hidrológico

D. mapa temático

15. Cuando los colonos llegaron por primera vez a la costa este de Estados Unidos, construyeron casas con la madera que recogían de los bosques. Cuando se mudaron a las planicies, las construyeron usando tierra con pasto que extraían de la pradera. Los indígenas norteamericanos que vivían allí construían tipis usando la piel de los bisontes que cazaban.

¿Qué conclusión puede extraer de este pasaje?

A. Las personas siempre intentan construir mejores casas.

B. Los indígenas norteamericanos construían casas más prácticas.

C. La falta de tecnología limita el tipo de casas que la gente puede construir.

D. Las personas construyen casas usando los materiales que encuentran en el medio ambiente.

Las preguntas 16 y 17 se refieren a la siguiente gráfica.

Población mundial con el paso del tiempo

16. ¿Aproximadamente cuántos años se tardó en aumentar de 1,000 millones a 2,000 millones de habitantes?

   A. 27 años

   B. 100 años

   C. 123 años

   D. 227 años

17. ¿Qué tendencia de la población futura se proyecta en la gráfica?

   A. crecimiento más acelerado

   B. crecimiento más lento, pero todavía acelerado

   C. crecimiento constante

   D. población en descenso

Contaminación del agua en ríos y arroyos

Fuente probable	Millas afectadas por la contaminación
Agricultura	129,016
Escurrimiento y descargas urbanas y municipales	115,323
Contaminantes atmosféricos	100,207
Minería	28,809
Industria	17,201

Fuente: Oficina de Protección Medioambiental de Estados Unidos

18. ¿Cuál es la principal fuente de contaminación del agua?

   A. minería

   B. industria

   C. áreas urbanas y municipalidades

   D. agricultura

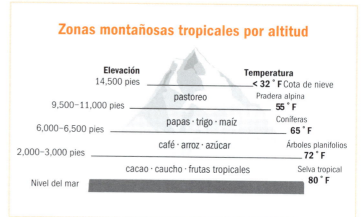

Zonas montañosas tropicales por altitud

19. Según el diagrama, ¿cuál es la causa principal de los cambios en la vegetación a medida que aumenta la altitud?

   A. menor presión atmosférica

   B. menor temperatura

   C. cambios en la pendiente

   D. mayor distancia del ecuador

Las preguntas 20 y 21 se refieren al siguiente pasaje.

Los accidentes geográficos naturales, como ríos y montañas, suelen dibujar las fronteras entre los países. Hay otros límites que se trazan para separar a las personas de diferentes religiones, idiomas o grupos étnicos. Incluso hay otros que se trazan por razones políticas, por ejemplo, para satisfacer los intereses políticos o económicos de países enemigos, como suele suceder tras una guerra.

20. ¿Qué frontera le proporcionaría la máxima seguridad a un país contra un agresor?

   A. una frontera que se adapte a un importante accidente geográfico natural

   B. una frontera que separe a las personas de diferentes orígenes étnicos

   C. una frontera basada en el idioma de las personas

   D. una frontera basada en los intereses económicos

21. ¿Cuál de los siguientes ejemplos resultaría *mejor* como una frontera nacional natural?

   A. una región boscosa

   B. un río importante

   C. una planicie amplia y con suficiente agua

   D. la costa marítima

Las preguntas 22 y 23 se refieren a la siguiente cita y fotografía.

Aprendí más sobre política durante una tormenta de polvo en Dakota del Sur que en siete años en la universidad.

—Hubert Humphrey, vicepresidente de Estados Unidos

Fotografías de la Biblioteca Franklin D. Roosevelt, número del Archivo Nacional: 195691, 14 de abril de 1935

22. ¿Qué habrá aprendido Humphrey sobre política en una tormenta de polvo como la que se muestra en la fotografía?

   A. Los residentes en las áreas donde se producen tormentas de polvo no votan.

   B. Los residentes en las áreas donde hay tormentas de polvo quieren que el gobierno los ayude a mudarse.

   C. Las personas que luchan por sobrevivir quieren soluciones a los problemas cotidianos; no les interesa la politiquería.

   D. A la mayoría de la gente no le interesan los desafíos que deben enfrentar las personas que se ven afectadas por catástrofes naturales.

23. Las grandes tormentas de polvo de los años 1930 fueron provocadas por una sequía que duró muchos años en las llanuras y por las prácticas agrícolas que dejaron al terreno vulnerable a los vientos y a la sequía. Miles de familias abandonaron sus granjas y se mudaron a California y a otros lugares.

¿Por qué la gente abandonaría sus granjas luego de trabajar durante años para construirlas?

   A. Las granjas ya no se podían explotar.

   B. Estaban impacientes y querían que la sequía finalizara.

   C. La gente prefería la vida en California.

   D. Ya no necesitaban las granjas.

Las preguntas 24 a 26 se refieren al siguiente mapa.

24. ¿Cuál es el ancho aproximado de la cuenca del río Mississippi en su punto más ancho?

   A. 1,100 millas

   B. 1,800 millas

   C. 2,500 millas

   D. 3,100 millas

25. ¿Qué ciudad está ubicada en la intersección de los ríos Mississippi y Missouri?

   A. Kansas City

   B. Memphis

   C. Cincinnati

   D. San Luis

26. ¿De qué manera este sistema fluvial *probablemente* promovería el desarrollo económico?

   A. Alentaría a las personas a comprarles a los productores locales.

   B. Reduciría la necesidad de importar productos del exterior.

   C. Permitiría que los productos se enviaran a una gran parte del país.

   D. Mejoraría el estándar de vida y reduciría la pobreza.

Las preguntas 27 a 29 se refieren a la siguiente tabla.

Expectativa de vida al nacimiento (en años)

País	1900		1950		2008	
	Hombres	Mujeres	Hombres	Mujeres	Hombres	Mujeres
Brasil	N/C	N/C	49.3	52.7	68.6	76.6
China	N/C	N/C	39.3	42.3	71.4	75.2
Egipto	N/C	N/C	41.1	42.7	69.3	74.5
Alemania	43.8	46.6	65.3	69.6	76.1	82.3
Japón	42.8	44.3	61.6	65.5	78.7	85.6
Uganda	N/C	N/C	38.5	41.6	51.3	53.4
Estados Unidos	48.3	51.1	66.1	72.0	75.3	81.1
Reino Unido	46.4	50.1	66.7	71.8	76.4	81.5

Fuentes: Departamento de Salud y Servicios Sociales de Estados Unidos y Departamento de Comercio de Estados Unidos

27. ¿Cuál era la expectativa de vida de un hombre nacido en Japón en 1900?

   A. 42.8

   B. 78.7

   C. 44.3

   D. 61.6

28. Una gran parte del aumento en la expectativa de vida se puede atribuir a una mejor atención médica y alimentación. ¿Qué país se ha beneficiado más de estos avances?

   A. Brasil

   B. Egipto

   C. China

   D. Estados Unidos

29. ¿Cuál es el efecto *más probable* del aumento de la longevidad que se indica en la tabla?

   A. la necesidad de más escuelas y universidades

   B. el aumento del desempleo en la industria

   C. una mayor demanda de servicios de atención médica

   D. una reducción de la necesidad de energía

Las preguntas 30 y 31 se refieren al siguiente pasaje.

Si bien la mayor parte de nuestras necesidades energéticas se cubren usando fuentes de energía no renovable, como el carbón y el gas natural, una cantidad cada vez mayor de energía proviene de fuentes renovables. Entre ellas se encuentra la energía eólica, solar, hidroeléctrica, geotérmica y la biomasa. La energía eólica y solar son fuentes energéticas relativamente nuevas. La biomasa se produce a partir de madera, etanol y residuos sólidos. La energía geotérmica proviene del calor que la Tierra produce naturalmente. La energía hidroeléctrica es producida por corrientes de agua, por lo general, en represas.

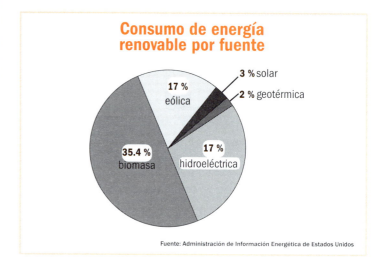

Consumo de energía renovable por fuente

- 3 % solar
- 2 % geotérmica
- 17 % eólica
- 35.4 % biomasa
- 17 % hidroeléctrica

Fuente: Administración de Información Energética de Estados Unidos

30. ¿Qué se puede concluir del pasaje y la gráfica?

   A. La energía renovable es una fuente energética de rápido crecimiento.

   B. La mayoría de las personas todavía calientan sus hogares con energía no renovable.

   C. No es posible sostener la expansión de las fuentes de energía renovable.

   D. La energía solar y geotérmica todavía conforman una pequeña parte de nuestra energía.

31. ¿Por qué las fuentes de energía hidroeléctrica y la biomasa constituyen una gran parte del consumo de energía renovable?

   A. La energía proveniente de la madera y del agua corriente son fuentes que se usan desde hace mucho tiempo.

   B. Existen más fuentes de energía hidroeléctrica que de energía solar o eólica.

   C. La energía eólica y solar son fuentes de energía muy ineficientes.

   D. La mayoría de las personas se preocupan por los riesgos medioambientales asociados con la energía eólica y solar.

Examen de práctica

Las preguntas 1 y 2 se refieren al siguiente cuadro.

Límites en las contribuciones, 2013-2014

	$2,600	$32,400	$10,000 (límite combinado)	$5,000	Sin límite
	$5,000	Sin límite	Sin límite	$5,000	$45,400 a un candidato a senador por campaña
	$5,000 (límite combinado)	Sin límite	Sin límite	$5,000 (límite combinado)	Sin límite

Fuente: Comisión Federal Electoral

1. ¿Cuánto puede aportar el comité del Partido Demócrata a la elección de un senador?

   A. $2,600

   B. $5,000

   C. $32,400

   D. no tiene límite

2. ¿Por qué existen leyes que limitan el monto de las contribuciones a las campañas políticas?

   A. para evitar que quienes hacen grandes donaciones puedan ejercer demasiada influencia en los candidatos

   B. para alentar a las personas a que donen más a la elección de los candidatos

   C. para obligar a los candidatos a que dependan más de sus recursos económicos personales

   D. para fomentar que las personas donen su dinero a varios candidatos en vez de a uno solo

Las preguntas 3 y 4 se refieren al siguiente fragmento de un discurso.

Desde Stettin, en el Báltico, hasta Trieste, en el Adriático, una gran cortina de hierro ha caído a lo largo de todo el continente. Tras esa línea, se encuentran todas las capitales de los antiguos estados de Europa Central y Oriental. Varsovia, Berlín, Praga, Viena, Budapest, Belgrado, Bucarest y Sofía; todas esas célebres ciudades y sus habitantes se encuentran bajo lo que debo llamar "esfera soviética", y todos están sometidos, de una manera o de otra, no solo a la influencia soviética, sino a una muy elevada, y en algunos casos creciente, forma de control desde Moscú...

En un gran número de países, lejos de las fronteras rusas y por todo el mundo, se establecen quintas columnas comunistas que trabajan en perfecta unión y total obediencia a las directrices que reciben del centro comunista. Salvo en la Commonwealth británica y en Estados Unidos, donde el comunismo se encuentra en su infancia, los partidos comunistas o las quintas columnas constituyen un creciente reto y peligro para la civilización...

—Winston Churchill, primer ministro británico, 1946

3. ¿Qué simboliza el "cortina de hierro"?

   A. la división entre el comunismo y la democracia

   B. el antiguo nombre de la Unión Soviética

   C. una ideología practicada por los comunistas al sojuzgar a Europa del Este

   D. una alianza de las naciones occidentales diseñada para aislar y enfrentar a Rusia

4. ¿Cuáles son las "quintas columnas" a las que se refiere Churchill?

   A. periodistas que informan de manera oculta

   B. ciudadanos que trabajan en secreto para combatir la expansión del comunismo en sus países

   C. simpatizantes comunistas que están difundiendo el comunismo en otros países

   D. un informe entregado a los líderes aliados acerca de la expansión del comunismo

5. El primer presidente de la nación, George Washington, eligió a los secretarios de los departamentos sin tener en cuenta sus antecedentes políticos. Eligió a hombres competentes "con un apego conocido al gobierno".

   ¿Cuál de las siguientes opciones sugiere en el criterio de Washington para elegir a sus asesores?

   A. Washington usó su poder político principalmente para otorgar favores a sus amigos.

   B. Washington quería rodearse de seguidores que lo idolatraran.

   C. Era necesaria la lealtad a un partido político para que el nuevo gobierno funcionara.

   D. El nuevo gobierno necesitaba a líderes calificados y leales para sobrevivir.

Las preguntas 6 y 7 se refieren a la siguiente gráfica.

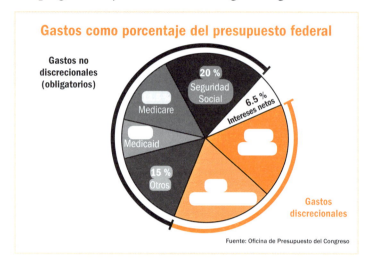

Gastos como porcentaje del presupuesto federal

Gastos no discrecionales (obligatorios)

Medicare

Medicaid

20 % Seguridad Social

6.5 % Intereses netos

15 % Otros

Gastos discrecionales

Fuente: Oficina de Presupuesto del Congreso

6. Muchas personas proponen que se hagan cortes al presupuesto para reducir el déficit federal. ¿Aproximadamente qué porcentaje del gasto gubernamental se puede recortar?

   A. 18 por ciento

   B. 25 por ciento

   C. 38 por ciento

   D. 56 por ciento

7. Si el Congreso se negara a recortar el gasto de defensa a causa de las amenazas de seguridad, ¿qué porcentaje del presupuesto se podría recortar?

   A. 18 por ciento

   B. 35 por ciento

   C. 44 por ciento

   D. 56 por ciento

8. En 1823, el presidente Monroe advirtió a los países europeos que el continente americano no admitiría el avance de la colonización y que cualquier ampliación del control europeo en América sería considerada una amenaza para Estados Unidos.

   ¿En cuál de las siguientes situaciones Estados Unidos puso en práctica la doctrina de Monroe?

   A. Incorporó a Japón al comercio estadounidense en 1852.

   B. Presionó a Francia en 1868 para dejar de apoyar al gobierno marioneta que tenía en México desde hacía tres años.

   C. Ingresó a la Primera Guerra Mundial en el bando de los Aliados en 1917.

   D. Limitó el número de inmigrantes europeos que ingresaban a Estados Unidos en 1921.

9. Durante la Gran Depresión, el presidente Franklin Roosevelt consideró que el gobierno necesitaba usar todas las facultades que tenía a su disposición para resolver los problemas económicos del país. Propuso al Congreso una legislación llamada "New Deal" y el Congreso la aceptó. Establecía la creación de empleos, el otorgamiento de préstamos y subsidios a empresas, y la regulación de algunas industrias. El New Deal ampliaba enormemente el poder del gobierno nacional. De hecho, la Corte Suprema dictaminó que muchas de las leyes del New Deal excedían el poder del gobierno para regular el comercio. El dictamen de la Corte que sostenía que muchas de las leyes del New Deal eran inconstitucionales representó una actitud no intervencionista hacia la economía.

   ¿Por qué la actitud de la Corte Suprema con respecto a la economía era diferente de la del presidente Roosevelt y el Congreso?

   A. La principal preocupación de la Corte era garantizar que se cumpliera la Constitución.

   B. La Corte quería que la economía fuera regulada a nivel internacional.

   C. La Corte no consideraba que los problemas económicos del país fueran tan graves.

   D. La Corte no era responsable de administrar la economía.

Examen de práctica

Las preguntas 10 y 11 se refieren a la siguiente información.

Estas mujeres, denominadas sufragistas, están protestando frente a la Casa Blanca alrededor del año 1918. La Primera Guerra Mundial estaba llegando a su fin en esta época y el presidente Woodrow Wilson se estaba preparando para una reunión con los líderes mundiales en la Conferencia de Paz de París para finalizar formalmente la guerra. Wilson era una voz a favor de la paz y la democracia.

1. El presidente Wilson está engañando al mundo cuando simula ser el profeta de la democracia. El presidente Wilson se opone a los que claman por democracia para este país. Él es el responsable de que millones de estadounidenses estén privados de sus derechos civiles. Aquí en Estados Unidos lo sabemos. El mundo lo descubrirá.

Archivos del personal general y especial del Departamento de Guerra, número del Archivo Nacional: 533773, 1917-1918

10. ¿Quiénes son los millones de estadounidenses a los que se les está privando de sus derechos civiles, según el cartel?

   A. los pobres

   B. los afroamericanos

   C. las mujeres

   D. las personas menores de 21 años

11. ¿Cuál es la idea central del cartel?

   A. El presidente Wilson habla a favor de la democracia en el extranjero, pero permite que millones de personas queden excluidas de la democracia en Estados Unidos.

   B. El presidente Wilson es un dictador al que no le interesa la democracia; solo pretende aumentar su propio poder.

   C. La gente no quiere democracia; solo busca la paz y la prosperidad.

   D. El presidente Wilson se postuló para la reelección y todo lo que dice son discursos de campaña.

Las preguntas 12 y 13 se refieren al siguiente mapa.

12. ¿Qué puede concluir a partir de la información en el mapa?

   A. Los pueblos se asentaban a la orilla de los ríos porque les suministraban agua para la agricultura.

   B. La civilización harappa tenía un sistema extenso de control de las inundaciones.

   C. Los dos principales asentamientos tenían cada uno más de 30,000 habitantes.

   D. Había muchos oasis en el desierto de Thar.

13. ¿A cuál de los siguientes patrones de asentamiento se parece más el usado por la civilización harappa?

   A. asentamiento en viviendas en los acantilados en el desierto del suroeste de Estados Unidos

   B. asentamiento en los valles montañosos del antiguo Perú

   C. asentamiento a lo largo de las costas del mar Mediterráneo

   D. asentamiento a lo largo del río Nilo en el antiguo Egipto

Las preguntas 14 a 16 se refieren al siguiente cronograma.

Guerra de Irak, 2013-2011

20 de marzo de 2003
Las tropas estadounidenses invaden Irak.

22 de febrero de 2006
Los extremistas sunitas destruyen un templo chiita en Samarra.

30 de diciembre de 2007
Termina el año más sangriento de la guerra; perdieron la vida 900 soldados estadounidenses.

24 de enero de 2004
Estados Unidos abandona la búsqueda de armas de destrucción masiva y concluye que no se encontró ninguna.

30 de diciembre de 2006
El exdictador iraquí Saddam Hussein es ejecutado.

31 de agosto de 2010
Concluyen las operaciones militares, pero permanecen 50,000 tropas estadounidenses.

2003 2004 2005 2006 2007 2008 2009 2010 2011 **2012**

31 de marzo de 2004
Una oleada de ataques suicidas con bombas contra los chiitas sacude a Irak.

19 de agosto de 2007
Ataques suicidas con bombas matan a centenares de iraquíes en una escalada de la violencia.

18 de diciembre de 2011
Las últimas tropas estadounidenses se retiran de Irak.

1.º de mayo de 2003
El presidente Bush declara que "finalizaron las principales operaciones militares en Irak".

8 de junio de 2006
Un ataque aéreo estadounidense mata a Abu Musab al-Zarqawi, líder de Al Qaeda en Irak.

24 de marzo de 2008
Las principales ciudades son afectadas por una nueva oleada de violencia a manos de la guerrilla chiita.

14. ¿Cuánto tiempo más se prolongó el combate luego de que el presidente Bush declarara el final de las principales operaciones militares?

A. 9 años

B. 7 años

C. 1 año

D. 11 años

15. ¿Cuál fue la causa de la mayoría de las muertes en la guerra?

A. muertes a raíz del combate durante las primeras semanas de la guerra

B. ataques a las tropas estadounidenses de ocupación

C. violencia entre grupos iraquíes

D. acciones estadounidenses para aplacar la violencia en las ciudades

16. ¿Qué ocurrió primero?

A. brote de violencia sectaria

B. ejecución de Saddam Hussein

C. muerte del líder de Al Qaeda al-Zarqawi

D. invasión de Estados Unidos

17. Según se relata en un libro escrito por el periodista James Risen del *New York Times*, el Departamento de Justicia acusó a un exagente de la CIA por filtrar información de defensa nacional. Risen fue citado a declarar acerca de cómo había obtenido la información, pero se rehusó a dar declaraciones afirmando que tenía el derecho constitucional a no divulgar su fuente.

¿Qué enmienda habría citado Risen para defenderse de la acusación?

A. Segunda Enmienda: derecho a portar armas

B. Primera Enmienda: libertad de expresión

C. Cuarta Enmienda: protección contra registros injustificados

D. Quinta Enmienda: derecho a no declarar en contra de uno mismo

18. En 1907, el presidente Theodore Roosevelt quería enviar a la flota estadounidense en un viaje alrededor del mundo para exhibir el poderío naval del país. El Congreso se negó a aprobar los fondos, pero Roosevelt tenía fondos suficientes para cubrir una parte del viaje y envió a la flota a Japón. Cuando se le cuestionó por su decisión, dijo que, si el Congreso quería que la flota regresara, debería autorizar los fondos para traerla de regreso al país.

¿En qué poder constitucional del presidente se basó Roosevelt para justificar su medida?

A. poder para declarar la guerra

B. poder como comandante en jefe

C. poder para autorizar el gasto de defensa

D. poder para vetar los actos del Congreso

19. Aunque la globalización del comercio ha sido una tendencia durante décadas, muchos países aún recurren al proteccionismo. Las medidas proteccionistas usan tarifas y otros métodos para limitar o excluir los productos importados, o para otorgar ventajas a las industrias nacionales con el fin de proteger la industria o el empleo.

¿Cuál de los siguientes es un ejemplo de proteccionismo?

A. negociar un tratado de libre comercio

B. regular los viajes aéreos internacionales

C. otorgar exenciones fiscales a la industria nacional

D. estandarizar los contenedores de carga en los puertos

Las preguntas 20 a 23 se refieren a la siguiente información.

Entre 1791 y 1820, el Congreso intentó mantener un equilibrio numérico entre los estados libres del Norte y los estados esclavistas del Sur. Sin embargo, la población del Norte creció con mayor rapidez. Para 1818, los estados del Norte tenían la mayoría en la Cámara de Representantes, mientras que el Senado estaba todavía dividido equitativamente entre estados libres y esclavistas.

En 1819, la petición del territorio de Missouri para adquirir la categoría de estado esclavista amenazó con poner en peligro el equilibrio. Los estados del Norte temían perder el poder frente a los intereses de los propietarios de esclavos. Propusieron condiciones para la admisión de Missouri: se prohibirían las importaciones de esclavos a Missouri y se exigiría que todos los esclavos fueran liberados al cumplir 25 años. Esto provocó la indignación de los habitantes del Sur, que rechazaron esta propuesta en el Senado.

Tras meses de acalorados debates, el Congreso aprobó un plan denominado Acuerdo de Missouri. Admitía a Missouri como estado esclavista y a Maine como estado libre. También prohibía la esclavitud en el territorio estadounidense al norte de la latitud 36°30'. El siguiente mapa muestra la conformación de Estados Unidos luego del Acuerdo de Missouri.

Estados Unidos en 1821 tras el Acuerdo de Missouri

20. ¿En cuál de los siguientes estados la esclavitud era legal en 1821?

    A. Virginia

    B. Pensilvania

    C. Ohio

    D. Indiana

21. ¿A qué división es más similar la división sectorial con respeto a la esclavitud de 1820?

    Es similar a la división entre...

    A. las colonias de Inglaterra en 1776, divididas por las opiniones sobre el gobierno

    B. Vietnam del Norte y Vietnam del Sur en la década de 1960, que se dividieron por diferencias económicas

    C. "halcones" y "palomas" en la década de 1960, divididos por las opiniones sobre la Guerra de Vietnam

    D. aislacionistas y opositores, divididos por las opiniones sobre asuntos de política exterior

22. ¿Qué evidencia del pasaje y mapa respalda la conclusión de que el Acuerdo de Missouri mantuvo el equilibrio entre estados libres y estados esclavistas?

    A. Kentucky era un estado esclavista.

    B. Florida mantuvo su apoyo a la esclavitud.

    C. El territorio sin organización no aceptó la esclavitud.

    D. Había 12 estados libres y 12 estados esclavistas.

23. ¿Cuál fue *probablemente* el resultado del Acuerdo de Missouri?

    A. Aumentó la lealtad regional, no nacional.

    B. Debilitó la economía del país.

    C. Condujo al aumento de la población en el Norte.

    D. Aumentó el poder del Congreso.

Las preguntas 24 y 25 se refieren a la siguiente caricatura política.

1 "The Senator is not in. He threw out his back trying to reach across the aisle."

Marty Bucella, www.cartoonstock.com, 3 de marzo de 2014

1. "El senador no vino a trabajar hoy. Se lesionó la espalda tratando de estirarse hacia el otro lado del pasillo".

24. ¿Cuál es el mensaje central de esta caricatura política?

   A. Los miembros del Congreso no están acostumbrados a llegar a acuerdos con el partido opositor.

   B. Los miembros del Congreso nunca hacen ejercicio y son incapaces de hacer una sencilla actividad física.

   C. Los miembros del Congreso nunca están en su oficina cuando los constituyentes quieren hablar con ellos.

   D. Los miembros del Congreso inventan excusas tontas para evitar hablar con los ciudadanos.

25. ¿Qué idea está implícita en la caricatura?

   A. Los demócratas y republicanos no pueden tomar decisiones.

   B. Los miembros del Congreso no respetan al partido opositor.

   C. La lealtad partidaria predomina sobre la necesidad de aprobar leyes.

   D. El presidente tiene que tomar todas las decisiones porque el Congreso es incapaz de hacerlo.

Las preguntas 26 y 27 se refieren al siguiente pasaje.

En 2010, la Corte Suprema de Estados Unidos dictaminó en el caso de *Ciudadanos Unidos contra Comisión Federal Electoral* que el gobierno no podía prohibir que compañías, sindicatos y otras organizaciones destinaran dinero a campañas políticas. En efecto, estas organizaciones estaban compuestas por personas y tenían el derecho a la libertad de expresión. Esta decisión errada abrió la puerta a enormes donaciones a causas y candidatos que provenían de fuentes no tradicionales.

La consecuencia de la decisión fue inmediata e impactante. Durante la campaña presidencial de 2008, se obtuvieron $338.3 millones de fuentes externas. (Las fuentes externas son contribuciones de dinero realizadas por grupos o personas que no pertenecen al comité del candidato). Luego, en la campaña presidencial de 2012, la primera elección presidencial tras la decisión de *Ciudadanos Unidos,* el gasto se disparó a $1,035.6 millones, el triple de lo que jamás se había obtenido por fuentes externas en una elección presidencial.

26. ¿Qué conclusión se puede extraer acerca de las consecuencias de la decisión de *Ciudadanos Unidos*?

   A. Les otorgó a las personas más influencia sobre los candidatos.

   B. Les otorgó a las organizaciones un rol mucho más amplio en la política.

   C. Redujo la influencia general que cualquier organización podría tener sobre los candidatos.

   D. Hizo que las elecciones fueran más justas para los candidatos que disponían de menos dinero para las campañas.

27. ¿Qué oración del artículo muestra el prejuicio del autor?

   A. Durante la campaña presidencial de 2008, se obtuvieron $338.3 millones de fuentes externas.

   B. Las fuentes externas son contribuciones de dinero realizadas por grupos o personas que no pertenecen al comité del candidato.

   C. Esta decisión errada abrió la puerta a enormes donaciones a causas y candidatos que provenían de fuentes no tradicionales.

   D. En efecto, estas organizaciones estaban compuestas por personas y tenían el derecho a la libertad de expresión.

Examen de práctica

Las preguntas 28 y 29 se refieren al siguiente diagrama.

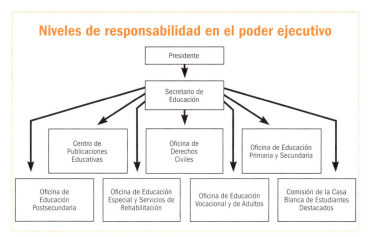

Niveles de responsabilidad en el poder ejecutivo

Presidente

Secretario de Educación

Centro de Publicaciones Educativas

Oficina de Derechos Civiles

Oficina de Educación Primaria y Secundaria

Oficina de Educación Postsecundaria

Oficina de Educación Especial y Servicios de Rehabilitación

Oficina de Educación Vocacional y de Adultos

Comisión de la Casa Blanca de Estudiantes Destacados

28. Un maestro de 55 años es despedido por una escuela. Él considera que el despido fue motivado por su edad. ¿Qué oficina sería responsable de estudiar las quejas sobre discriminación por edad?

A. Oficina de Educación Postsecundaria

B. Oficina de Educación Primaria y Secundaria

C. Oficina de Educación Vocacional y de Adultos

D. Oficina de Derechos Civiles

29. ¿Quién es, en última instancia, responsable de las políticas ejecutadas por la Oficina de Educación Vocacional y de Adultos?

A. el presidente

B. el secretario de Educación

C. la Oficina de Educación Primaria y Secundaria

D. el Congreso

Las preguntas 30 y 31 se refieren al siguiente formulario.

Estos son los requisitos que aparecen en un formulario para solicitar la ciudadanía de Estados Unidos por naturalización.

Puede solicitar la ciudadanía si tiene, por lo menos, 18 años de edad y...

1. ha sido residente permanente de Estados Unidos, por lo menos, durante 5 años.

2. ha sido residente permanente, por lo menos, durante 3 años, ha estado casado con un ciudadano estadounidense por ese mismo período y continúa estando casado.

3. sus padres son ciudadanos estadounidenses y usted tiene residencia permanente.

4. prestó servicio militar que cumple con los requisitos.

30. ¿Cuál de los siguientes residentes legales de Estados Unidos tiene derecho a solicitar la ciudadanía por naturalización?

A. Lusa, que estudia en Luisiana desde hace un año

B. Hillaire, que trabaja en Maine desde hace un año

C. Hiroshi, que viaja con frecuencia a Estados Unidos por reuniones de negocios

D. Carlita, que vive y trabaja en Ohio desde hace seis años

31. ¿Qué generalización está sustentada por la información del formulario?

A. El matrimonio con un ciudadano estadounidense acorta el período que una persona debe esperar para solicitar la naturalización.

B. Si la persona desea solicitar la naturalización no debe viajar fuera de Estados Unidos.

C. Las personas que no son ciudadanas no pueden enlistarse en el ejército de Estados Unidos.

D. Los ciudadanos naturalizados tienen los mismos derechos que los ciudadanos nacidos en el país.

32. La infraestructura del país consiste en los fundamentos básicos de la sociedad: redes de transporte, sistemas de distribución de energía e instalaciones, como escuelas y hospitales. ¿Cuál de las siguientes opciones forma parte de la infraestructura de Estados Unidos?

A. los montes Apalaches

B. el sistema de autopistas interestatales

C. las cadenas de restaurantes de comida rápida

D. el río Missouri

Las preguntas 33 a 35 se refieren a la siguiente gráfica.

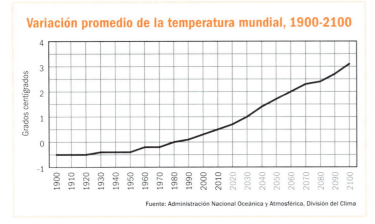

Variación promedio de la temperatura mundial, 1900-2100

Fuente: Administración Nacional Oceánica y Atmosférica, División del Clima

33. ¿Aproximadamente cuánto estiman los científicos que aumentará la temperatura entre 1900 y 2100?

   A. aproximadamente 1.2 ºC
   B. aproximadamente 2.4 ºC
   C. aproximadamente 3.0 ºC
   D. aproximadamente 3.6 ºC

34. Según esta tabla, ¿cuál es la mediana de las temperaturas de 1990 a 2030?

1990	2000	2010	2020	2030
0.1 ºC	0.3 ºC	0.5 ºC	0.7 ºC	1.0 ºC

   A. 0.5 ºC
   B. 2.6 ºC
   C. 1.0 ºC
   D. 0.1 ºC

35. Si continúa la tendencia de la temperatura, ¿cuál será probablemente el efecto a largo plazo para la Tierra?

   A. Las ciudades estadounidenses tendrán inviernos más largos.
   B. El nivel de los océanos disminuirá.
   C. Los casquetes del polo norte y sur se derretirán.
   D. Los niveles de contaminación del aire y el agua aumentarán.

36. Usamos monedas y billetes como dinero. Sin embargo, en el pasado, se usaban otros elementos, como ganado, cigarrillos, conchas y piedras. ¿Qué conclusión puede extraer de esto?

   A. El trueque es más fácil que usar dinero.
   B. Cualquier elemento que se acepte como un objeto de valor puede ser dinero.
   C. Las monedas y billetes tienen más valor que las conchas.
   D. Las monedas están valoradas por su contenido metálico.

Las preguntas 37 y 38 se refieren al siguiente pasaje.

Una serie de principios fundamentales conforman la base de la Constitución de Estados Unidos. Entre ellos se encuentran los siguientes:

La **soberanía popular** es el principio de que todo el poder proviene del pueblo y es el pueblo el que le da al gobierno la facultad de gobernar.

El **federalismo** es el sistema mediante el cual el poder gubernamental se divide en gobierno central, estatal y local.

El **estado de derecho** describe la lealtad firme de los ciudadanos y los gobiernos locales, estatales y federal hacia la supremacía de la ley.

La **separación de poderes** se aplica específicamente a la autoridad individual que se otorga a cada rama del gobierno: poder ejecutivo, judicial y legislativo.

37. ¿Cuál de las siguientes opciones es un ejemplo de la aplicación de la soberanía popular?

   A. la elección del presidente
   B. la detención de un hombre por desorden público
   C. una decisión de la Corte Suprema
   D. el indulto presidencial de un delincuente condenado

38. El alcalde de una gran ciudad quiere reducir el delito. Para ello, autoriza a la policía a detener y registrar a las personas y a registrar sus pertenencias, incluso aunque no hayan hecho nada ilegal o sospechoso. ¿Qué principio constitucional está violando esta situación?

   A. soberanía popular
   B. federalismo
   C. estado de derecho
   D. separación de poderes

Las preguntas 39 y 40 se refieren a la siguiente gráfica.

Ingresos y tasas de desempleo por nivel educativo

Tasa de desempleo en 2013 (porcentaje) — Ingresos semanales promedio en 2013 (en dólares)

Tasa	Nivel	Ingresos
2.2	Doctorado	$1,623
2.3	Título profesional	$1,714
3.4	Maestría	$1,329
4.0	Licenciatura	$1,108
5.4	Grado asociado	$777
7.5	Diploma de escuela preparatoria	$651
11	Escuela preparatoria incompleta	$472

Fuente: Agencia de Estadísticas Laborales de Estados Unidos

39. ¿Qué conclusión se puede extraer de los datos de la gráfica?

A. Las personas con títulos avanzados nunca están desempleadas.

B. Las personas con un nivel superior de educación tienen menos probabilidades de enfrentarse al desempleo.

C. Las personas con mejor educación siempre ganan más que las que tienen menos educación.

D. Una mejor educación se traduce en mejores ingresos, pero una mayor probabilidad de desempleo.

40. Elena está buscando una carrera que le dé seguridad e ingresos altos. Está pensando en dos opciones: puede ingresar a un programa de doctorado y estudiar Economía, o puede esforzarse por obtener un título profesional y convertirse en abogada. Tomando en cuenta sus prioridades profesionales, ¿cuál debería ser su *consideración principal*?

A. Con un doctorado tendrá mínimas probabilidades de quedar desempleada durante su carrera.

B. Podría arreglárselas con una maestría y forjar una carrera sólida con buenos ingresos.

C. La gráfica solo muestra promedios; le puede ir mucho mejor que el promedio en cualquier nivel educativo.

D. Un título profesional ofrece prácticamente la misma seguridad laboral y un mejor ingreso que un doctorado.

41. La Primera Guerra Mundial no debería haber ocurrido. A partir del año 1871, las potencias europeas comenzaron a formar alianzas y a firmar tratados prometiéndose apoyarse entre sí en caso de ser atacadas, y aceptando no firmar tratados de paz de manera independiente. Cuando el archiduque austríaco Francisco Fernando fue asesinado durante su visita a Bosnia, todas las alianzas se endurecieron en Europa, impidiendo que se alcanzaran soluciones diplomáticas y que reinara el sentido común. Los países fueron obligados a entrar en guerra sin que tuvieran interés en el acontecimiento ni voluntad de combatir.

Según el pasaje, ¿cuál fue la principal razón para que se iniciara la Primera Guerra Mundial?

A. la apropiación de Austria del territorio en Bosnia

B. el sistema europeo de alianzas

C. la muerte del archiduque Francisco Fernando

D. las antiguas rivalidades entre los países

42. Luego de la destrucción del World Trade Center el 11 de septiembre de 2001 a causa de un ataque terrorista, se planificó construir un monumento en el lugar. Alrededor de la misma época, un grupo islámico intentaba construir un centro cultural islámico y una mezquita en las proximidades. Muchas personas que no profesaban la religión musulmana se opusieron a construir una mezquita tan cerca del lugar donde habían muerto casi 3,000 personas como resultado del ataque de terroristas islámicos. Se abrió un debate acerca de si los ciudadanos islámicos tenían el derecho a construir la mezquita. ¿Qué derecho amparado por la Declaración de Derechos habría ocupado un rol central en este debate?

A. la libertad de expresión

B. la protección contra registros injustificados

C. la libertad religiosa

D. el debido proceso

43. El gobierno federal y estatal tienen sus propios poderes y responsabilidades. También comparten determinadas facultades. Por ejemplo, ambos gobiernos tienen el poder de cobrar impuestos. ¿Cuál de las siguientes opciones es otro ejemplo de poder compartido?

A. hacer cumplir las leyes sobre drogas

B. aprobar las leyes federales

C. declarar la guerra

D. regular el comercio internacional

Las preguntas 44 y 45 se refieren al siguiente diagrama.

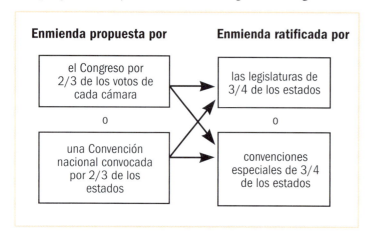

Enmienda propuesta por **Enmienda ratificada por**

el Congreso por 2/3 de los votos de cada cámara

o

una Convención nacional convocada por 2/3 de los estados

las legislaturas de 3/4 de los estados

o

convenciones especiales de 3/4 de los estados

44. ¿Cuál es el *mejor* título para este diagrama?

   A. La Constitución

   B. Convenciones constitucionales

   C. Ratificación de enmiendas

   D. El proceso de las enmiendas

45. ¿Cuál es la suposición tácita de los redactores de la cláusula sobre enmiendas?

   A. El Congreso nunca conseguirá el voto de dos tercios de sus miembros para enmendar la Constitución.

   B. Tres cuartos de las legislaturas estatales nunca ratificarán una enmienda.

   C. Debería resultar difícil enmendar la Constitución.

   D. La facultad de enmendar la Constitución debería pertenecer enteramente al gobierno federal.

46. La Décima Enmienda de la Constitución establece: "Los poderes que la Constitución no delega a los Estados Unidos ni prohíbe a los estados quedan reservados a los estados respectivamente o al pueblo". ¿Cuál de los siguientes es un poder reservado a los estados?

   A. establecer los requisitos para los maestros

   B. declarar la guerra

   C. regular el comercio interestatal

   D. construir autopistas

Las preguntas 47 y 48 se refieren a la siguiente información.

Durante la Revolución Estadounidense, los Artículos de la Confederación se transformaron en el fundamento del nuevo gobierno. Crearon una confederación débil que permitía al Congreso declarar la guerra, pero en realidad le otorgaba pocas facultades. Los estados podían aprobar o ignorar cada decisión. Cuando la guerra finalizó, el intento del Congreso de saldar la deuda de la guerra y restablecer la paz fue respondido de manera muy diferente por cada estado. El general George Washington escribió una carta describiendo algunos de los problemas.

Si usted les dice a las legislaturas que han violado el tratado de paz y que han atacado las prerrogativas de la Confederación, se reirán en su cara. Entonces, ¿que habrá que hacer? Las cosas no pueden seguir igual para siempre... Sería un triunfo para los defensores del despotismo darse cuenta de que somos incapaces de gobernarnos a nosotros mismos.

—George Washington, carta a John Jay, 1786

47. ¿Qué debilidad de la Confederación señala Washington?

   A. El gobierno central detentaba demasiado poder y no dejaba que los estados intervinieran en las políticas.

   B. El gobierno central no tenía autoridad para hacer que los estados cumplieran las políticas nacionales.

   C. Las potencias extranjeras se dieron cuenta de que la nueva república estadounidense era un formidable rival.

   D. A las legislaturas estatales les iba mejor gobernándose a sí mismas que al gobierno central.

48. La Constitución de Estados Unidos que reemplazó a los Artículos de la Confederación otorgó el poder supremo al gobierno central. ¿De qué manera un gobierno federalista viene a resolver los problemas descritos por Washington?

   A. El sistema federal obliga a los estados a aceptar los tratados y a seguir las leyes federales.

   B. El sistema federal les otorga más facultades a los estados para iniciar tratados con gobiernos extranjeros.

   C. El sistema federal faculta a los estados para aceptar o rechazar las leyes del gobierno central.

   D. En un sistema federal, los estados no pueden elaborar leyes; todas las leyes se originan en el gobierno central.

Las preguntas 49 y 50 se refieren al siguiente mapa.

Centro de la población de Estados Unidos, 1790-2010

Fuente: Oficina del Censo de Estados Unidos

49. ¿Dónde se hallaba el centro de la población en 1850?

A. Nueva Jersey

B. Virginia Occidental

C. Ohio

D. Illinois

50. ¿Qué se puede concluir del mapa?

A. El centro de la población de Estados Unidos se ha movido del oeste al noreste.

B. La población de Estados Unidos ha crecido con más rapidez desde 1900.

C. Pocas personas viven al oeste del límite entre Illinois y Missouri.

D. El centro de la población de Estados Unidos se ha movido hacia el oeste y, en cierta medida, hacia el sur.

51. La Reserva Federal presta dinero a los bancos para que puedan usarlo para otorgar préstamos. Cuando la Reserva aumente el interés que cobra por estos préstamos, ¿cuál será la consecuencia?

A. La economía se enlentecerá.

B. Las empresas pedirán préstamos para expandirse.

C. La venta de automóviles aumentará.

D. Disminuirá el desempleo.

Las preguntas 52 y 53 se refieren a la siguiente declaración.

En los años venideros, tenemos que continuar trabajando arduamente para encontrar el equilibrio correcto entre nuestra necesidad de seguridad y preservar nuestras libertades inherentes. Esto supone revisar las facultades de las fuerzas del orden para que podamos interceptar nuevos tipos de comunicación, pero además incrementar las protecciones a la privacidad para evitar los abusos.

—Presidente Barack Obama, 2013

52. Según esta declaración, ¿con cuál afirmación *probablemente* estaría de acuerdo el presidente Obama?

A. Podemos alcanzar el nivel máximo de seguridad, a la vez que preservamos nuestra privacidad.

B. Es posible que perdamos gran parte de nuestra privacidad, pero debemos hacer todo lo posible para mejorar nuestra seguridad nacional.

C. No debemos sacrificar la seguridad para conservar nuestra privacidad.

D. Podemos mejorar nuestra seguridad nacional, a la vez que perdemos una pequeña parte de nuestra privacidad.

53. ¿Qué acontecimiento habrá *influido más* la actitud del presidente Obama en torno a la seguridad y la privacidad?

A. la Gran Recesión que afectó a la economía entre 2007 y 2009

B. las guerras de Irak y Afganistán en la primera década de 2000

C. el ataque terrorista del 11 de septiembre de 2001 en el World Trade Center

D. la caída de la Unión Soviética y el fin de la Guerra Fría en 1991

54. La oferta, la demanda y el precio del producto están todos relacionados. Una empresa ha fabricado un producto por muchos años y la demanda se ha mantenido estable. Luego, una nueva empresa comienza a fabricar el mismo producto. ¿Qué sucederá?

A. La oferta se mantendrá igual.

B. La demanda aumentará.

C. El precio disminuirá.

D. El precio aumentará.

55. La teoría de los derechos naturales establece que las personas son naturalmente libres e iguales. ¿Qué oración de la Declaración de la Independencia proporciona la declaración más evidente de esta filosofía?

   A. "Hemos pedido justicia en los términos más humildes".

   B. "Todos los hombres son dotados por su Creador de ciertos derechos inalienables".

   C. "Un tirano no es digno de ser el gobernante de un pueblo libre".

   D. "Empeñamos nuestra vida, nuestra hacienda y nuestro sagrado honor".

Las preguntas 56 y 57 se refieren a la siguiente fotografía.

Agencia de Información de Estados Unidos, número del Archivo Nacional: 542010, 28 de agosto de 1963

1. Basta de segregación en las escuelas públicas.
2. ¡Queremos el derecho al voto ahora!
3. ¡Empleo para todos ya!

56. ¿En qué forma de acción política están participando estas personas?

   A. Están haciendo campaña para su elección en un cargo público.

   B. Están celebrando la aprobación de una nueva legislación.

   C. Se están preparando para votar en una elección.

   D. Están protestando a favor de la igualdad de derechos.

57. ¿Qué pregunta se puede responder al observar la fotografía?

   A. ¿Quién organizó esta marcha?

   B. ¿Qué quieren estas personas?

   C. ¿Estas personas lograron su objetivo?

   D. ¿Dónde ocurre este acontecimiento?

58. En 1991, la Guerra Fría llegó a su fin con el colapso de la Unión Soviética. Esta rivalidad entre Oriente y Occidente había dividido el mundo desde la culminación de la Segunda Guerra Mundial. Muchos factores contribuyeron a la caída de la Unión Soviética, pero cuando realmente se produjo, fue rápida y sorprendentemente pacífica. Las antiguas 15 repúblicas soviéticas se transformaron en países independientes. Estas repúblicas, muchas de las cuales habían tenido una larga historia como países independientes, intentaron regresar a sus tradiciones anteriores. Para algunas, como las repúblicas bálticas de Letonia, Estonia y Lituania que solían mantener un contacto de larga duración con Europa occidental, el establecimiento de la democracia les resultó más fácil. Otras tuvieron dificultades para dejar atrás su pasado soviético y comunista más reciente.

¿Cómo habrá afectado el final de la Guerra Fría a las antiguas repúblicas soviéticas?

   A. Se avivaron las tensiones con Occidente porque las pequeñas repúblicas se sintieron amenazadas.

   B. Tras liberarse de sus débiles aliados, Rusia se volvió más agresiva.

   C. Muchas repúblicas intentaron estrechar lazos con los países occidentales.

   D. El régimen comunista se habría apoderado del país sin la moderación de la República de Rusia.

59. Ucrania tuvo dificultades para reestablecer su identidad como país independiente. Tenía estrechos lazos económicos e históricos con Rusia, pero también fronteras con muchos países vinculados a Europa Occidental, entre ellos, Polonia, que es miembro de la OTAN, una alianza militar occidental. Muchos de sus habitantes eran de origen étnico ruso y se mantenían leales a Rusia, especialmente en la zona este del país.

¿Cómo afectarán estas fuerzas contradictorias al futuro del país?

   A. Las complejas lealtades interferirán constantemente con las decisiones económicas y políticas.

   B. Buscará unirse a Rusia, su aliado más reciente en la Unión Soviética.

   C. Rápidamente solicitará su incorporación como miembro a la Unión Europea.

   D. Celebrará elecciones democráticas para que su futuro esté respaldado por toda la población.

Soluciones

Lección 1: Gobiernos modernos e históricos
Práctica guiada, página 6

1. **B.** Madison dice que existen más probabilidades de que los derechos privados queden comprometidos cuando una mayoría usa el gobierno como un "instrumento" de su voluntad.

2. **A.** Pistas: "mayoría de la comunidad", "el gobierno es un mero instrumento de la mayoría" y "partido poderoso e interesado".

3. **C.** Proteger los derechos de las personas ayudará a evitar que una mayoría o el gobierno haga caso omiso de los derechos de las personas o de grupos pequeños.

Lección 2: El desarrollo de la democracia constitucional estadounidense
Práctica guiada, página 8

1. **C.** El sistema de controles y equilibrios evita que una rama del gobierno asuma demasiado poder.

2. **B.** El Ayuntamiento es un órgano legislativo que aprueba leyes y se corresponde con el Congreso de Estados Unidos.

Lección 3: La estructura del gobierno estadounidense
Práctica guiada, página 10

1. **A.** Al definir el proceso de enmiendas, se puede concluir que los redactores pensaban que sería necesario para solucionar cualquier necesidad imprevista.

2. **C.** Al exigir la aprobación de los estados, protege su poder, definiéndose así el gobierno federal.

Lección 4: Derechos individuales y responsabilidades cívicas
Práctica guiada, página 12

1. **B.** La Corte consideró que la libertad de expresión era más importante que proteger un símbolo de ideas que quizá no todos compartían.

2. **C.** La legislatura de Texas sostenía que la bandera simbolizaba valores sociales y aprobó una ley que prohibía que fuera quemada.

Lección 5: Las elecciones en la política estadounidense
Práctica guiada, página 14

1. **D.** El presidente Obama afirma que se está postulando para la reelección en la presidencia.

2. **A.** "Destripar" es una palabra con fuerte carga emotiva que influye en cómo las personas reflexionan sobre las ideas de Obama.

Lección 6: Políticas públicas contemporáneas
Práctica guiada, página 16

1. **B.** Kerry dice que el informe "arroja luz sobre tecnologías energéticas" que son económicas, combaten el cambio climático y representan una oportunidad económica con un valor de 6 billones de dólares.

2. **D.** Las otras opciones se pueden comprobar. La afirmación de que Kerry puede ser verdadera, pero no se puede comprobar.

Lección 7: Diferenciar hechos de opiniones
Práctica guiada, página 18

1. **B.** Se puede comprobar que James Otis pronunció un discurso en Boston en 1761. Las otras oraciones son opiniones de la Corte con respecto a la privacidad del teléfono celular de un individuo.

2. **C.** Todo el pasaje constituye la opinión de la Corte. La opción C es la única que resume esa opinión.

Práctica de la unidad 1
páginas 19-24

1. **D.** 57.1 % de los votantes votaron ese año, más que en cualquier otro año representado en la gráfica.

2. **C.** Estos fueron los años con mayor participación de los votantes y coinciden con las elecciones presidenciales.

3. **B.** Más personas votan durante las elecciones presidenciales, tal como muestra la gráfica. Se puede concluir que las personas tienen mayor interés en estas elecciones.

4. **A.** Obama habla de diversos aspectos, pero destaca que el Congreso no ha dado suficiente apoyo a un proyecto de ley que mejora el transporte y estimula la economía.

5. **D.** Obama está hablando sobre el transporte. Algunas de las pistas son "proyecto de ley de transporte", "carreteras y puentes" y la mención de una "Línea Verde" eficiente.

6. **D.** En esta opción, la frase "algunas personas creen" señala una opinión, al igual que la palabra *debería*.

7. **A.** La enmienda contribuiría a mantener la ley y el orden al asegurar que el Congreso continúe funcionando.

8. **C.** Esta es la idea central del pasaje y, por lo tanto, sería un título adecuado.

9. **B.** El gobierno federal, a través de la Constitución, delega ciertas facultades a los estados.

Soluciones

10. **B.** Los ciudadanos intervinieron en un debate sobre el impuesto y votaron directamente, no a través de representantes.

11. **C.** Hamilton dice que el poder judicial será "el menos peligroso para... la Constitución".

12. **A.** El poder judicial no tiene influencia "ni sobre la espada ni sobre la talega" por lo que debe depender del poder ejecutivo para hacer cumplir sus decisiones.

13. **B.** La idea central es cómo se integra una típica organización de campaña presidencial.

14. **D.** Una organización con cientos de trabajadores remunerados y miles de trabajadores no remunerados requiere una gran cantidad de dinero para funcionar.

15. **A.** La libertad de expresión está protegida por la Primera Enmienda. Las otras acciones son polémicas, contribuyen a la violencia o ponen en riesgo la seguridad nacional.

16. **B.** El Tío Sam está ignorando al ciudadano común, que constituye la mayoría, a favor de las grandes compañías y cabilderos, que no son la mayoría.

17. **C.** La caricatura insinúa que las grandes compañías y los cabilderos ejercen una influencia indebida en el gobierno a causa del dinero que poseen.

18. **D.** El debido proceso garantiza que ninguna persona "perderá la vida, la libertad y la propiedad sin el debido proceso de la ley".

19. **C.** Estos indultos se otorgaron a políticos y otras personas involucradas en delitos o escándalos políticos. La justificación es que era momento de sanar las viejas heridas para que el país pudiera seguir adelante.

20. **A.** Probablemente los veteranos se habrían molestado por la indulgencia que se otorgó a los que evitaron alistarse para el combate.

21. **B.** Los derechos de los ciudadanos japoneses se consideraron menos importantes que la seguridad de Estados Unidos durante la época de la guerra.

22. **D.** Para 1982, hacía tiempo que la guerra había terminado y se podía realizar una evaluación objetiva.

23. **D.** La forma de controlar el poder absoluto es que el pueblo comparta el poder mediante una democracia representativa.

24. **D.** La mayoría de los estados en los que ganó Obama se encuentran en el noreste y a lo largo de la costa oeste.

25. **C.** California tiene la mayor cantidad de votos electorales.

26. **B.** Truman dice que la democracia no es eficiente; por lo tanto, es descuidada.

27. **A.** Hace una analogía con los jugadores talentosos de básquetbol, pero está hablando sobre las personas que contribuyen a la economía.

28. **B.** Como político, presta atención a cómo los votantes en su estado reaccionan a sus declaraciones, porque ellos lo eligieron.

29. **A.** Locke dice que este derecho existe naturalmente: las personas viven en un estado de "perfecta libertad".

UNIDAD 2: HISTORIA DE ESTADOS UNIDOS

Lección 1: Documentos históricos que dieron forma al gobierno estadounidense
Práctica guiada, página 26

1. **C.** La Corte falló que las instalaciones separadas pero iguales eran inconstitucionales; por lo tanto, los niños de diferentes razas debían ir juntos a la misma escuela.

2. **A.** La Corte falló que las instalaciones separadas pero iguales no eran equitativas y privaban a los afroamericanos de la protección equitativa amparada por la Decimocuarta Enmienda. Se puede concluir que la enmienda trata sobre la igualdad de derechos

Lección 2: La época revolucionaria y los inicios de la república
Práctica guiada, página 28

1. **B.** Washington dice que la "unidad de gobierno" es el "edificio de vuestra verdadera independencia... [y] prosperidad".

2. **C.** La Guerra Civil se produjo porque los estadounidenses desoyeron el consejo de Washington de evitar "toda tentativa para separar cualquier parte del país de las demás". El Sur se separó del Norte.

3. **A.** La palabra *columna* ofrece una pista del significado de *edificio*. Una columna o pilar sostiene un edificio.

Soluciones

Lección 3: La Guerra Civil y la reconstrucción
Práctica guiada, página 30

1. **B.** El mayor número de afroamericanos que ocupaban cargos en el Congreso se indica en el punto más alto de la gráfica.

2. **B.** Cuando se aprobó la Decimoquinta Enmienda, los afroamericanos inmediatamente eligieron a sus representantes. Los primeros fueron electos en 1871, que fue cuando la enmienda entró en vigor.

Lección 4: Derechos civiles
Práctica guiada, página 32

1. **C.** Eisenhower dijo que la rama ejecutiva debía "defender a los tribunales federales" y que convocó a las tropas "para colaborar en el cumplimiento de la ley federal".

2. **B.** La Constitución de Estados Unidos prevalece sobre otras leyes y define claramente los roles y facultades de cada rama del gobierno federal.

Lección 5: Asentamientos europeos
Práctica guiada, página 34

1. **D.** Los puritanos fundaron la colonia de la Bahía de Massachusetts en 1630, e Inglaterra tomó Nueva Ámsterdam en 1664. La imprenta se introdujo entre estas dos fechas, en 1635.

2. **B.** El Pacto de Mayflower se firmó en 1620. El único acontecimiento que ocurrió antes de 1620 fue la introducción de la esclavitud en Jamestown en 1619.

Lección 6: Primera y Segunda Guerra Mundial
Práctica guiada, página 36

1. **C.** El ataque en Pearl Harbor fue la causa inmediata de la creación de los campos de reubicación. El miedo que provocó el ataque hizo que se emitiera la orden de llevar a los estadounidenses de origen japonés a los campos de reubicación.

2. **B.** El recluso dice que las armas en la torre de vigilancia apuntaban hacia adentro. El motivo era que no confiaban en los reclusos y creían que participarían en espionaje para ayudar a Japón.

Lección 7: La Guerra Fría
Práctica guiada, página 38

1. **D.** Busque 1966 en el eje horizontal y observe el número que aparece arriba de la barra. Este es el número de tropas estadounidenses que había en Vietnam en 1966.

2. **C.** La gráfica muestra que en 1970 había 334,500 tropas en Vietnam. En 1972, había 24,000 tropas, es decir que Nixon retiró 300,000 tropas.

Lección 8: Política exterior estadounidense
Práctica guiada, página 40

1. **A.** Los terroristas actúan en secreto, por lo que la inteligencia es necesaria para encontrarlos y conocer sus planes.

2. **C.** Los terroristas se ocultan en muchos países; por lo tanto, trabajar con otros países serviría para descubrirlos.

Lección 9: Punto de vista del autor
Práctica guiada, página 42

1. **A.** Johnson tiene un punto de vista negativo sobre el estado en el que se encuentran las ciudades y las describe como lugares abarrotados y deteriorados.

2. **C.** Johnson les dice a los graduados que a su generación le corresponde la tarea de transformar a las ciudades en el lugar donde las futuras generaciones irán a gozar de la buena vida.

Práctica de la unidad 2
páginas 43-48

1. **A.** Rehusarse a pagar impuestos es una forma de protesta ilegal, pero pacífica.

2. **D.** Durante el movimiento por los derechos civiles en Estados Unidos, los protestantes usaron la desobediencia civil, como marchas de protesta, para atraer la atención a sus peticiones.

3. **B.** El castigo dañó la economía de Alemania y generó resentimiento entre los alemanes.

4. **D.** La cantidad indicada en el eje horizontal está expresada en millones de dólares. Añada seis ceros a cada número para determinar la cantidad de ayuda que recibió cada país.

5. **C.** Alemania, Austria e Italia eran Potencias del Eje. Estados Unidos quería ayudar a todos los países para que la economía mundial se recuperara y los países se resistieran a la influencia comunista.

6. **D.** Douglass da pistas de que había sido esclavo; por ejemplo: "¿Por qué se me pide hablar?" y "¿Se nos ofrecen los... principios de... justicia?".

7. **C.** Douglass describe negativamente a la esclavitud para avergonzar a los estadounidenses y convencerlos de que deben erradicarla.

8. **A.** Douglass habla de la esclavitud como una situación existente.

9. **B.** Los colonos supusieron que los indígenas no tenían derechos y la Ley de Remoción de Indígenas confirmó esta suposición.

Soluciones

10. **A.** Las pistas del contexto los identifican más adelante en el párrafo.

11. **C.** La Carta Magna establece: "ningún hombre será… detenido en prisión… si no es por el juicio legal… y por la ley del país", que es similar a la redacción de la Quinta Enmienda.

12. **D.** Los granjeros no eran súbditos de una monarquía, sino que buscaban proteger sus derechos del poder ejecutivo.

13. **B.** La Guerra Fría fue una rivalidad entre la Unión Soviética comunista y Estados Unidos, que se produjo a raíz de la Revolución Bolchevique o comunista de 1917.

14. **C.** Los efectos descritos constituyen la idea principal, que se iniciaron con el descubrimiento de Colón.

15. **C.** Las Potencias del Eje habían derrotado a muchos países del grupo de Aliados. La URSS fue una excepción.

16. **A.** Suiza se mantuvo neutral.

17. **A.** El hecho de que Snowden sea un patriota es una opinión. Es posible que algunas personas piensen diferente.

18. **C.** Snowden menciona la vigilancia y la grabación, que son actividades que afectan la privacidad de las personas.

19. **C.** Kennedy dijo: "Yo también soy berlinés" para demostrar que es uno de ellos, o que los apoya.

20. **D.** Encuentre cada acontecimiento en el cronograma y lea la fecha. Estados Unidos invadió Canadá el 12 de julio de 1812, poco después de que se declarara la guerra.

21. **B.** Las noticias viajaban lentamente a principios del siglo XIX; el tratado se firmó en Bélgica, muy lejos de Nueva Orleans.

22. **C.** La población judía de Polonia se redujo en más de 3 millones entre 1939 y 1946. Ningún otro país perdió tantos habitantes.

23. **D.** Polonia perdió casi la totalidad de su población judía: más del 96 por ciento.

24. **A.** Los nazis crearon un sistema de trabajos forzados y campos de exterminio en un holocausto que cobró aproximadamente 6 millones de vidas.

25. **C.** Se indica que Grecia era un país pobre y debilitado por la guerra. Se puede deducir que eso fue la causa de la incursión comunista.

26. **A.** En el discurso se explica que Gran Bretaña no podía continuar asistiendo a Grecia. Truman afirma que solo Estados Unidos puede ayudarla. Se puede deducir que otros países eran pobres por los costos de la guerra.

27. **B.** Truman dice que los regímenes totalitarios prosperan en los lugares donde la gente ha perdido la esperanza y que "debemos mantener viva esa esperanza".

28. **D.** Los veteranos de la Primera Guerra Mundial recibieron una escasa ayuda al reincorporarse a la sociedad después de la guerra. La Ley de Reajuste de Militares fue una consecuencia del fracaso por ayudar a esos veteranos.

UNIDAD 3: ECONOMÍA

Lección 1: Acontecimientos económicos clave que dieron forma al gobierno estadounidense
Práctica guiada, página 50

1. **A.** El empleo comenzó a mejorar en junio de 2009; ese fue el momento en que la restructuración empezó a tener efectos.

2. **D.** En el punto más bajo de la gráfica, el empleo decayó a 623,000 trabajadores. En su punto más alto, alcanzó 799,600 trabajadores, es decir, una diferencia de 176,300, o aproximadamente 176,000.

Lección 2: La relación entre las libertades políticas y económicas
Práctica guiada, página 52

1. **C.** El autor afirma que el razonamiento normal contradice lo que está ocurriendo y luego da ejemplos de represión del gobierno y libertad económica. Estos detalles respaldan la idea central.

2. **B.** La respuesta hace referencia a la idea central, que el autor insinúa en las primeras dos oraciones.

3. **D.** Se puede deducir la respuesta al considerar que la economía está creciendo velozmente, lo que crea oportunidades de prosperidad económica.

Lección 3: Conceptos económicos fundamentales
Práctica guiada, página 54

1. **A.** Los ingresos ($100,000) menos los costos ($95,000) equivalen a las ganancias ($5,000).

2. **D.** El costo de un negocio se puede determinar al restar la ganancia de los ingresos.

Soluciones

3. C. Las compañías más grandes suelen aprovechar las economías de su escala para comprar recursos a menor precio, distribuir productos más eficientemente y usar la tecnología para reducir los costos, por ejemplo.

Lección 4: Microeconomía y macroeconomía
Práctica guiada, página 56

1. D. La tasa de desempleo a largo plazo aumentó a partir de mediados de 2008 y alcanzó su máximo apogeo en 2010. Disminuyó lentamente luego de ese máximo apogeo, pero se mantuvo elevada.

2. C. Todas las cifras de desempleo se mantuvieron elevadas por varios años luego de que finalizó la recesión.

Lección 5: Economía de consumo
Práctica guiada, página 58

1. D. El plan de ahorros para la universidad es flexible porque no requiere que el inversor o beneficiario viva en un determinado estado y cumpla con los límites de edad o grado.

2. B. Joe y Akita apuestan a que su hija decidirá ir a la universidad en su estado. Si opta por ir a otro estado, el plan podría no aplicarse a los gastos de la universidad.

Lección 6: Causas y consecuencias económicas de las guerras
Práctica guiada, página 60

1. D. El costo ($1,800) está expresado en millones de dólares. Para multiplicar por un millón, añada seis ceros a la cifra en el cuadro.

2. C. La comparación de costos no tendría sentido a menos que se usara el mismo valor relativo del dólar.

3. B. La Segunda Guerra Mundial costó $4,114,000 millones, mucho más que cualquier otro conflicto. La Guerra de Vietnam costó $686,000 millones, más del doble de lo que costó la Guerra de Corea y prácticamente el triple de lo que costó la Primera Guerra Mundial, los siguientes dos conflictos bélicos más costosos.

Lección 7: Impulsores económicos de la exploración y la colonización
Práctica guiada, página 62

1. A. Las colonias exportaban materia prima y productos agrícolas, todos ellos basados en recursos naturales.

2. C. El comercio prosperó porque cada participante tenía algo que era valioso para los demás. Si un componente faltaba, eso habría enlentecido el crecimiento económico para todos, pero no lo habría detenido.

Lección 8: Revoluciones científicas e industriales
Práctica guiada, página 64

1. B. Carnegie dice que "toda la historia" se encuentra en la manufactura de los productos y explica que, en el pasado, los productos se elaboraban en pequeños talleres.

2. A. Carnegie habla principalmente acerca de cómo las personas tienen más ahora en comparación con la generación anterior e indica que esto se debe a los cambios en la manufactura.

Lección 9: Análisis de datos
Práctica guiada, página 66

1. B. Observe la gráfica que representa a las personas de entre 20 y 24 años. La barra identificada con "algunos años de educación universitaria, sin licenciatura" indica una tasa de empleo de 75 %.

2. D. La barra que establece una correlación con el nivel educativo de Padma en la gráfica para las personas de entre 25 y 64 años muestra una tasa de empleo de 67 %. Una licenciatura aumentaría más sus posibilidades de obtener un empleo.

Lección 10: Promediar conjuntos de datos
Práctica guiada, página 68

1. C. 2,556,364 es la mediana porque es el número que se ubica en medio del conjunto de datos cuando estos se colocan en orden.

2. D. No se repite ningún valor en el conjunto de datos, por lo que no hay ninguna moda.

Práctica de la unidad 3
páginas 69-74

1. A. La gráfica muestra que las ventas se ubicaron en un 2.1 % en 2004 y en 4.4 % en 2010, lo que representa una diferencia de aproximadamente 2.3 %.

2. B. Las ventas aumentaron en un 2.4 % en 7 años. Si la tendencia continúa, las ventas aumentarán otro 2.4 %, a aproximadamente 7 %.

3. D. A medida que ocupe un lugar más importante en la economía, el comercio electrónico será una posible fuente de recaudación de impuestos más considerable.

4. C. Una compañía emisora de tarjetas de crédito puede aumentar las tasas de interés luego de dar un aviso con 45 días de antelación, pero el aumento solo se puede aplicar a las nuevas compras.

5. A. AT&T era el único servicio telefónico de Estados Unidos. Como no había otra compañía alternativa, se trataba de un monopolio.

Soluciones

6. B. Un país que se especializa en determinados productos probablemente generaría transacciones comerciales para obtener los productos que necesita.

7. D. Las compañías farmacéuticas y Virgin Galactica están buscando obtener ganancias a partir de las investigaciones.

8. C. El eje horizontal muestra la duración de la recesión en años. Finalizó en la mitad del segundo año.

9. D. El eje vertical muestra la caída del PIB a un punto justo por debajo de -5, o aproximadamente -5.1 por ciento.

10. D. La cantidad vendida a $10 por cajón (eje vertical) se ubica en cero (eje horizontal).

11. A. En el punto de equilibrio, la oferta y la demanda alcanzan el nivel óptimo y se vende todo el producto.

12. A. El granjero no sacará una ganancia que amerite la producción.

13. C. La mediana se calcula ordenando los números por su valor y hallando el valor que está en medio.

14. B. La deflación se produce cuando los precios disminuyen.

15. D. Los empleados hacen un trabajo específico y pasan el pedido al siguiente empleado, como ocurre en una línea de ensamblaje.

16. C. El método de McDonald's mantiene los precios bajos; la especialización contribuye a que los empleados sepan hacer muy bien su trabajo.

17. B. Cómo luce es la opinión de una persona; es posible que otros tengan una opinión diferente.

18. C. Jackson está sacrificando cómo luce con la chaqueta para comprarse los pantalones y las camisas.

19. A. Pensaron de manera creativa e intentaron el enfoque habitual, pero no le está yendo bien al negocio, por lo que la idea del negocio no debe ser buena.

20. D. La Revolución Bolchevique surgió a raíz de la insatisfacción por el poco avance económico de Rusia y la pobreza de muchas personas de la clase trabajadora.

21. B. Para el país Y, el costo de producir 1 libra de nueces pecanas equivale a 1 libra de arroz, por lo que posee una ventaja comparativa. El país X deberá producir arroz porque producir 20 libras de arroz le cuesta 4 libras de nueces pecanas, mientras que al país Y producir 20 libras de arroz le cuesta 20 libras de nueces pecanas.

22. C. Una recesión es un período de menor actividad económica que suele estar caracterizado por una tasa elevada de desempleo. La demanda efectiva de artículos de lujo disminuirá porque habrá muchas personas que no puedan costearlos.

23. B. Observe la parte del círculo que corresponde a la educación universitaria y postsecundaria.

24. D. Por lo general, los empleos que exigen una educación superior ofrecen salarios más altos, mejores beneficios y más oportunidades de avance.

25. B. El ahorro personal aparece en la línea superior de la gráfica. El punto más alto se alcanzó en el cuarto trimestre de 2012.

26. C. Sume lo que el gobierno no ahorró y el ahorro personal.

27. D. Cuando se registra un déficit, el gobierno gasta más de lo que recibe en recaudación. El gasto llega al sistema económico mediante empleos y compras, lo que le da a la población más dinero para gastar.

28. A. En cada país, la barra correspondiente a las mujeres es más larga que la de los hombres.

29. A. Las tasas de interés más bajas promueven los préstamos y la expansión de los negocios. Las tasas de interés más altas desalientan el gasto y enlentecen el crecimiento de los negocios.

UNIDAD 4: LA GEOGRAFÍA Y EL MUNDO

Lección 1: Civilizaciones clásicas
Práctica guiada, página 76

1. C. El comercio fue vital para los fenicios, por lo que habrían querido llevar un registro cuidadoso.

2. D. La navegación llevaba las ideas a otros lugares, en donde ejercían influencia sobre otros pueblos.

3. C. Este título refleja la idea principal del artículo.

Lección 2: El medio ambiente y la sociedad
Práctica guiada, página 78

1. D. La clave indica qué territorios son colonias. En general, conforman la mayor parte del continente en 1950, prácticamente el 90 %.

2. B. El colonizador gobierna en las colonias, lo que dejó a la mayoría de estos nuevos países con un escaso liderazgo y tradiciones democráticas. Muchos de ellos eran inestables.

Lección 3: Las fronteras entre las personas y los países
Práctica guiada, página 80

1. **C.** La rosa de los vientos indica el oeste a la izquierda, es decir que viajaría al oeste para ir de Atlanta a Los Ángeles.

2. **B.** La escala en millas le permite estimar las distancias. Use el dedo o un lápiz para medir distancias en el mapa usando la escala.

Lección 4: Migración humana
Práctica guiada, página 82

1. **A.** Compare las áreas más grandes con los colores indicados en la clave del mapa.

2. **D.** La difusión cultural se produce cuando un pueblo se ve influido por el comportamiento desconocido de personas que no pertenecen a su cultura.

Lección 5: Credibilidad de una fuente
Práctica guiada, página 84

1. **C.** Las otras opciones se relacionan únicamente con la rueda. La información de que la rueda se encontró entre una cantidad de elementos que se demostró que pertenecían a la Edad de Bronce da credibilidad a la afirmación.

2. **B.** Un grabado de la Edad de Bronce verificaría de primera mano que la rueda encontrada era del mismo tipo que se usaba en los carros de esa época.

Práctica de la unidad 4
páginas 85-90

1. **A.** Con un ferrocarril que transportaba personas y materias primas, Rusia logró desarrollar la región de Siberia.

2. **B.** Zangwill dice que las razas se están "fundiendo y reformando", transformándose en el auténtico "estadounidense".

3. **D.** La barra que aparece más a la derecha muestra la cifra de personas que emigraron entre 1970 y 1980.

4. **A.** La Gran Depresión se produjo en la década de 1930 y tuvo como consecuencia la disminución de las oportunidades económicas, especialmente en las ciudades.

5. **B.** La mayoría de los negros habían vivido en áreas rurales y desconocían cómo era la vida en las ciudades populosas.

6. **C.** La observación directa ofrecería datos más claros que las deducciones extraídas de herramientas o dibujos.

7. **B.** Al reducir los residuos, se usan menos recursos naturales.

8. **A.** La energía solar (proveniente del sol) estará disponible mientras el sol no deje de brillar.

9. **B.** Encuentre el transporte público en el eje izquierdo. Lea el número que aparece a la derecha.

10. **D.** La barra más larga indica que 86.2 por ciento de las personas viajan a diario al trabajo en auto, camioneta o camión.

11. **C.** Según la gráfica, 25.4 % de la población nacida en el extranjero vive en California y 10.8 % en Nueva York, lo que resulta en un total de aproximadamente 36.2 %, o más de un tercio de la totalidad de residentes extranjeros.

12. **C.** Esta opción cubre el tema principal que se analiza en el pasaje.

13. **A.** Un mapa topográfico le mostrará las elevaciones y curvas de nivel y será útil para practicar alpinismo.

14. **B.** Un mapa geológico muestra la composición y distribución de minerales, como el oro.

15. **D.** Los tres tipos de casas descritas se construyen con materiales que se encontraban donde la gente vivía.

16. **C.** La población alcanzó 1,000 millones de habitantes en 1804 y 2,000 millones alrededor del año 1927, 123 años más tarde.

17. **B.** La pendiente levemente menos acentuada de la gráfica a partir del año 2000 indica una tasa de crecimiento menor.

18. **D.** La agricultura contamina 129,016 millas de ríos y arroyos, más que cualquier otra fuente de contaminación.

19. **B.** Según el diagrama, la temperatura disminuye con la altitud en las zonas montañosas tropicales.

20. **A.** Un accidente geográfico natural importante aislaría físicamente a un país y le daría cierta protección.

21. **D.** La costa marítima es un límite bien definido y estaría lejos de la frontera con un país vecino.

22. **C.** Las tormentas de polvo estaban destruyendo la vida de las personas. No les importaban los políticos mezquinos de Washington; necesitaban ayuda.

23. **A.** Las tormentas impedían el cultivo y las granjas no se podían vender.

24. **B.** Usando la escala de millas, estime el ancho de la cuenca de este a oeste en millas.

25. D. Ubique en el lugar donde los dos ríos se juntan y encuentre la ciudad más cercana.

26. C. El sistema fluvial proporciona transporte, lo que mejora las posibilidades comerciales dentro del país.

27. A. Busque Japón en la columna de la izquierda y localice la fila correspondiente al año 1900 bajo la columna de "Hombres" que indica 42.8 años.

28. C. La expectativa de vida de China aumentó más que la de cualquier país incluido en la tabla.

29. C. Los adultos de más avanzada edad necesitan más servicios de atención médica.

30. D. La energía solar y geotérmica proporcionan apenas el cinco por ciento de nuestras necesidades energéticas.

31. A. Se puede deducir del pasaje que las personas han usado la madera (biomasa) y las corrientes de agua (hidroeléctrica) durante un largo tiempo.

Examen de práctica

páginas 91-102

1. B. El Partido Demócrata está comprendido en la categoría de comité nacional del partido. El límite por candidato es $5,000.

2. A. Es lógico concluir que, si no hubiera límites, algunas personas u organizaciones aportarían enormes cantidades y quizás influirían sobre los candidatos cuando fuesen electos.

3. A. La cortina de hierro marca una división entre Europa del Este, la esfera del comunismo, y Europa Occidental, la esfera de la democracia.

4. C. Vuelva a leer la oración que contiene la frase y busque las pistas.

5. D. El pasaje indica que Washington quería "hombres competentes" con "apego" (lealtad).

6. C. Solo se pueden recortar los conceptos del presupuesto discrecional, que equivalen a 38 por ciento.

7. A. La defensa compone la mayoría de los gastos discrecionales, es decir que se puede recortar el 18 por ciento de los gastos.

8. B. Estados Unidos consideraba que las acciones de Francia eran un intento de ampliar su poder en el continente americano.

9. A. La preocupación de la Corte es la constitucionalidad de las leyes, no la salud de la economía.

10. C. Las mujeres de la fotografía son sufragistas y manifestándose en favor del derecho al voto femenino.

11. A. El cartel dice que Wilson está engañando al mundo cuando habla de la democracia mientras priva a las mujeres del derecho al voto.

12. A. El mapa muestra que casi todos los asentamientos se hallaban sobre el río Indo, sus tributarios o en las cercanías.

13. D. Ambas civilizaciones se asentaron a la orilla de los ríos.

14. B. El fin del combate se declaró el 1.º de mayo de 2003. Las operaciones de combate finalizaron el 31 de agosto de 2010.

15. C. Muchas de las fechas indican bombardeos y otros episodios de violencia entre sunitas y chiitas.

16. D. La invasión de Estados Unidos marca el principio del cronograma.

17. B. Risen depende de sus fuentes para obtener información. Si pierde su confianza, también pierde la capacidad de escribir artículos periodísticos. Además, la libertad de expresión incluye la libertad de no expresarse.

18. B. El artículo II, sección 2, de la Constitución nombra al presidente como comandante en jefe del ejército y la marina y le otorga la facultad de enviar la flota a cualquier lugar que considere necesario.

19. C. Las exenciones fiscales reducen los costos para la industria nacional y les dan una ventaja sobre las industrias extranjeras.

20. A. Virginia es uno de los estados esclavistas representados en el mapa.

21. B. Ambas divisiones se fundamentaban en las diferencias de las economías. La economía de los estados esclavistas dependía de la mano de obra esclava, a diferencia de lo que ocurría en los estados del Norte. Del mismo modo, la división entre Vietnam del Norte y Vietnam del Sur se basaba en la economía: la primera era comunista, en tanto que la segunda era capitalista.

22. D. El pasaje indica que parte del acuerdo consistió en admitir a Missouri como estado esclavista y a Maine como estado libre, cancelando efectivamente así cualquier ventaja de las facciones. Para 1821, había 12 estados libres y 12 estados esclavistas.

23. A. Como se relata en el pasaje, el amargo debate sobre Missouri se prolongó durante meses, generando sentimientos de lealtad sectorial por sobre la lealtad nacional.

24. A. El senador se lesionó la espalda tratando de estirarse hacia el otro lado del pasillo, que es una actividad a la que no está acostumbrado.

25. C. Los miembros no se apartan de lo que vota la mayoría del partido para transigir en los diferentes temas.

26. B. La decisión permitió que las organizaciones donaran más dinero a las campañas y ampliaran así su rol en la política.

27. C. La palabra *errada* sugiere un determinado prejuicio.

28. D. La Oficina de Derechos Civiles controla las cuestiones de discriminación por motivo de la raza, edad o género.

29. A. El diagrama muestra al presidente en la parte superior de la jerarquía; en definitiva, es el responsable.

30. D. El formulario establece que una persona con residencia permanente durante más de cinco años puede solicitar la ciudadanía.

31. A. Una persona que está casada con un ciudadano estadounidense puede solicitar la ciudadanía después de tres años, en vez de cinco.

32. B. El sistema de autopistas interestatales forma parte del sistema de transporte de Estados Unidos.

33. D. La gráfica muestra que la temperatura se ubica en -0.5 ºC en 1900 y en 3.1 ºC en 2100, una diferencia de 3.6 ºC.

34. A. La mediana es el número que está en medio en una serie de números ordenados por su valor.

35. C. Las temperaturas más altas producirán el derretimiento de los casquetes polares.

36. B. El valor del dinero proviene de su aceptación como medio de intercambio.

37. A. Los votantes están manifestando su facultad de "contratar" a un presidente que los represente.

38. C. El alcalde está violando la ley que prohíbe los registros injustificados.

39. B. La gráfica muestra que, con cada avance en el nivel educativo, la tasa de desempleo disminuye.

40. D. Busque la consideración *principal* de Elena, que procura seguridad laboral y buenos ingresos. La respuesta D ofrece la mejor combinación de ambos.

41. B. El pasaje habla principalmente sobre las alianzas y cómo obligaron a los países a intervenir en la guerra.

42. C. El debate es exclusivamente acerca de si los musulmanes podrían construir una mezquita en esa área; no se cuestionó a ningún otro grupo religioso.

43. A. Tanto el gobierno federal como el estatal comparten el poder de hacer cumplir las leyes sobre drogas.

44. D. La idea principal es la forma en que se puede enmendar la Constitución.

45. C. Los redactores hicieron que el proceso de enmienda fuera complejo y requiriera grandes mayorías de modo que cambiar la Constitución no fuera fácil.

46. A. Solo los estados pueden establecer los requisitos para los maestros.

47. B. Washington dice que las legislaturas estatales "se reirían" ante las acciones de la Confederación, es decir, el Congreso.

48. A. Los tratados y las leyes del gobierno federal son la ley del país.

49. B. El punto que marca 1850 indica el centro de la población y se halla en Virginia Occidental.

50. D. Observe la rosa de los vientos y cómo las fechas avanzan de este a oeste.

51. A. Cuando la Reserva Federal aumenta las tasas de interés, los bancos deben cobrarles más a sus clientes, quienes a su vez solicitarán préstamos menores, lo que resultará en una reducción de la actividad económica.

52. D. Obama busca un "equilibrio entre nuestra necesidad de seguridad y preservar nuestras libertades".

53. C. Las medidas severas de seguridad surgieron por el deseo de evitar ataques terroristas en el futuro.

54. C. Cuando la oferta aumenta, los precios disminuyen.

55. B. "Dotados... de... derechos inalienables" se asemeja mucho a la definición de derechos naturales.

56. D. La fotografía muestra personas que están marchando y llevando carteles, lo que indica que es una manifestación.

57. B. La fotografía muestra personas que llevan carteles en los que piden la igualdad de derechos de voto, el fin de la segregación y empleos.

58. C. Los países que solían tener contacto con Europa Occidental comenzaron a restablecer esas relaciones.

59. A. Es lógico suponer que las rivalidades produzcan conflictos a largo plazo.